我们前所未有地靠近世界舞台中心，前所未有地接近实现中华民族伟大复兴的目标，前所未有地具有实现这个目标的能力和信心。

——习近平

未来十年的国运与人运

畅想中国

陈 为——著

浙江人民出版社

图书在版编目（CIP）数据

畅想中国 / 陈为著. —杭州 ：浙江人民出版社，2020.1

ISBN 978-7-213-09621-1

Ⅰ. ①畅… Ⅱ. ①陈… Ⅲ. ①政治-中国-现代-文集②中国经济-经济发展-文集 Ⅳ. ①D6-53 ②F124-53

中国版本图书馆 CIP 数据核字(2020)第 007410 号

畅想中国

陈 为 著

出版发行：浙江人民出版社(杭州市体育场路 347 号 邮编 310006)

市场部电话：(0571)85061682 85176516

责任编辑：朱丽芳

责任校对：戴文英

封面设计：杨 鑫

电脑制版：杭州大漠照排印刷有限公司

印 刷：杭州富春印务有限公司

开 本：710 毫米×1000 毫米 1/16 印 张：14

字 数：173 千字

版 次：2020 年 1 月第 1 版 印 次：2020 年 1 月第 1 次印刷

书 号：ISBN 978-7-213-09621-1

定 价：58.00 元

自序：十年之后，你在哪里？

一

1932年，上海《东方杂志》策划了一次“新年的梦想”活动，向各界人士征集他们的梦想。

问题有两道，分别是“中国梦”和“个人梦”：1.先生梦想中的未来中国是怎样？2.先生个人生活中有什么梦想？

1932年的中国风雨如晦，昏天黑地。但即便在刺刀下，在苦海中，在冬夜里，人们也免不了做梦。

活动反响热烈，140多人参与，总共描画了244个梦想。作者名流云集，胡适、梁漱溟、徐悲鸿、郁达夫等人均在其中。

但毕竟，坏时代难以有好梦，乱世难以有安稳的梦。

这些梦是悲观的。画家钱均匋说，未来的中国是一团糟，“我们的生存的苦，将跟着逐渐加浓”。

作家老舍说:“我对中国将来的希望不大,在梦里也不常见着玫瑰色的国家。”即便在梦境里,他们也难得解脱,现实的困苦磨难化为冰锤,将本该美好温暖的幻影世界打碎,吞噬折磨着人心。

清华大学教授俞平伯说,即使我有了梦,也还只是大大小小的噩梦。

作家巴金说:“我只感到冷,觉得饿,我只听见许多许多人的哭声。这些只能够使我做噩梦。”

岭南大学教授谢扶雅也说:“我是很少做梦的,如做,一定是噩梦。”他关于国家的噩梦是,中国将来无非两途:不是日本独占就是国际共管。

开明书店编译所所长夏丏尊亦是如此,他所做的关于中国的梦都是噩梦,“惊醒时总要遍身出冷汗”。

这些梦也是卑微的。安全与衣食这些基本条件成了他们的奢侈品与大向往。

燕京大学教授洪业的梦想是,全国的人,都有饭可食,有衣可穿,有屋可住,有人可爱。

作家叶圣陶构想的未来中国也是“个个人有饭吃,个个人有工作做”;

而章依萍,一个函授学社的社长,心声也是类似,“我理想中的中国,最低的限度,要大家有饭吃,有衣服穿,有房子住,有路可走。我们不要像甘肃一带人民一样,吃草皮树根,十六七岁的大姑娘还没有裤子穿便好”。

杂志主编施蛰存说,对于中国未来的情形,我们还敢有什么希望,“能够苟全性命已经是很满足的了”。

这便是 1932 年中国人的中国梦。

旧梦重温,穿越岁月风云,我们看到了侵略者的刺刀铁骑,看到了老百姓的愁云惨雾,听到了饿肚子的咕咕叫,听到了无助无望的哭泣……

二

2012 年，中国领导人首提“中国梦”。

整整 80 年过去，当年参与这个话题的民国诸君都已墓草久宿。

他们如果地下有知，或会惊诧、欣慰于这个国家今天的富强繁盛。

她是安全放心的一个所在。人们可以坦然在大街上漫步，在宾馆里休息，而不用担心枪炮战乱。近年勃兴的电子支付，甚至让小偷几近绝迹。

她是生存有保障的一个地方。人均 GDP 已经逼近 1 万美元，当政者誓言要在近年“消灭贫困”，大部分农民已经不用再为衣食发愁，都市中的人更关心的是减肥话题。

她已经四方通行无碍。河道、大桥、公路、高铁正在编织汇聚成一张高效、便捷的交通大网。当年我从陕南县城翻过秦岭到北京上学时，每次要用好几天，而现在从北京到老家不过几小时。

她是生态向好的一方田园。雾霾治理已有明显成效，很多荒漠变成了绿洲，很多原来的臭水沟、黑水河，开始逐渐清澈、清秀。

她的经济具有活力。世界十大互联网公司中国占据近半，全球互联网上市公司 TOP30 中国收获 1/3；全球独角兽公司数量，中国已超过美国；世界 500 强公司榜单中，中国企业数量也在 2019 年首超美国，占据第一。即使 2019 年世界经济“入冬”，中国依然是全球希望之地。

中国人的速度、努力与运势让人惊异。在汉学家费正清的名著《中国与美国》中清楚地记述着，中国在 20 世纪 50 年代初的工业发展水平只相当于 1900 年的俄国。

几十年之后，天翻地覆，换了人间。

和平兴盛的岁月里，中国人终于可以踏踏实实、安安心心地做梦了。鲁迅说，梦是美的，否则钱是紧要的。

个人如此，国家也是如此。

根据经济学界的普遍预测，按照正常情况，10 年后，中国将成为全球最大的经济体。

那时候，这个国家将站上全球经济舞台的中心点。

国家的强大，必会增进国民的福祉；而为民众谋幸福的国，才是真正值得爱的国。

1917 年，19 岁的周恩来东渡日本留学前曾给同学豪迈留言："愿相会于中华腾飞世界时。"

如今，中华崛起，腾飞有望。

作为一个"大国国民"，你准备好了吗？10 年之后，你在哪里？

三

时代是一条河，个人在其中的际遇，既可以如漂萍，在风吹浪打之中沉浮不定；也可以奋起弄潮，搏击风浪，会当水击三千里，自信人生二百年。

但这自信须是清醒的自信。今天的中国，还远未到达理想的模样。

当年"新年的梦想"活动中，历史学家周谷城写下一段粗俗而美好的话，作为他的梦想："我梦想中的未来中国之首要条件便是：人人能有机会坐在抽水马桶上大便。"今天，很多乡村的居民已经买了车，盖了楼，但他们的屁股仍未享受到现代文明的成果，农村的厕所依然是很多人的噩梦。

我们今天的高等教育毛入学率，只有 48%，相当于美国的一半；金融体系仍然脆弱，不少老百姓的养老钱、救命钱在各种 P2P 陷阱中被洗劫一空；一些民企遭遇前所未有的困难，多年积累、积淀，一朝坍塌；很多核心技术依然是短板，与西方先进国家差距较大；反腐动了真刀子，一些地方却出现了不作为的现象……

周其仁曾用“水大鱼大”四个字概括2008年到2018年的中国经济发展，但他也在几年前就开始提醒，“水落石出”的时候即将到来。

通往辽阔之地的，是一条荆棘密布、曲折艰险的道路。

只有坚定的行动派才能让美梦成真，让理想变成现实。在登峰的途中，我们该如何看清大势，看清自己？

过去几年，我遍访名家高手，向他们求教，如何研判国运的走势和个人的未来。

王志纲、柳传志、刘永好、郑永年、吴晓波、秦朔……我见到的他们是成功者，更是探索者；我所对话的他们是思考者，更是行动者。

他们身份不同、经历不同，走过的路和眼中的世界也并不相同。

但我相信，他们中的某个人、某句话，或许会击中你，让你有所悟，有所行。

这个国家的未来，神秘而又动人。很多人都想找到关于它的一把钥匙，借以打开一扇希望之门。

这本书的期望，便是努力为你找到这把钥匙。

是为序。

目 录

CONTENTS

第一部分 企业家：知与行

40多年，中国经济终于从一片片的小池塘汇聚为汪洋大海。

水大鱼大，水涨船高。作为微观经济主体，中国民营企业数十年来也在不少产业领域实现了从追随者到并跑者甚至领跑者的角色转变。将来的商业史，必定会记录下这一代企业家的苦难与辉煌。

作为社会财富的主要建设者、创造者、贡献者，企业家们如何看待眼下形势与长期趋势？如何应对现实挑战，把握时代机遇？如何布局企业与个人的未来？

第二部分 思想家：暂与恒

在各个族群角色组成的社会生态中，企业家是狮子，行动务实；思想家是鹰，眼界高远。

未来10年，全球天宇的气象会如何？在当下主义和长期主义之间，人们该如何抉择？浪潮激荡之中，应该怎样选择“厚厚的雪，长长的坡”？

第三部分 营商环境：亲与清

政治家与企业家或许是驱动一个社会前行最重要的“双轮”。在政治风气愈加清明的当下，如何解决公务员阶层的动力问题？如何亲而有度，清而有为？如何真正干在实处，走在前列？

各级官员的探索和实践是在为现实破题，也是在为更好的未来探路。

第一部分

企业家：知与行

40多年，中国经济终于从一片片的小池塘汇聚为汪洋大海。

水大鱼大，水涨船高。作为微观经济主体，中国民营企业数十年来也在不少产业领域实现了从追随者到并跑者甚至领跑者的角色转变。将来的商业史，必定会记录下这一代企业家的苦难与辉煌。

作为社会财富的主要建设者、创造者、贡献者，企业家们如何看待眼下形势与长期趋势？如何应对现实挑战，把握时代机遇？如何布局企业与个人的未来？

导　语

▶王志纲：挡不住的国运

王志纲是中国第一代“知识网红”，如今炙手可热的吴晓波、罗振宇、秦朔、华杉等，都曾是他的后辈或学生。

他对改革开放40年与新中国成立70年的洞察，浓缩在一句话里：逼出来的改革，放出来的活力，摸出来的市场，挡不住的国运。

这篇文章刊发后，我邀请王先生在正和岛新媒体开设专栏。结果，这位昔日的“记者王”一跃而成为新媒体界的“爆品之王”。他的专栏文章《邓公的遗书》是至今评述邓小平的文章中点击率最高、影响力最大的经典文章之一。

他告诉我，此文发表后，得到了多位高层人士的肯定与鼓励。

▶刘永好：民企到底需要什么？

刘永好是改革开放后最早创业的企业家之一，如今他的新希望已在冲刺千亿规模，他也是获得官方荣誉最多的民营企业家之一。这位自称“养猪农民”的人，常被问计于庙堂之上。

然而，问他的所求，其实非常简单，无非“公平”二字。他相信，民营企业家，给点阳光就会灿烂，给点雨露就会疯长，只要有一视同仁的环境，就会有非常可观的成绩。

五六年前，我们在上千位企业家中做过一次调查：你觉得民企和国企实现完全的平等需要多久？当时八成的企业家选择了“估计还要很久很久”的答案，但如今当局强调的“所有制中性”“竞争中性”已无疑是一个积极的信号；而刘永好盼望的在关键节点给予民企代表一些国家奖励的举措，如今已有很好落实。

▶柳传志：新中国成立以来企业家的最好时期！

与柳传志先生的这次谈话发生在2018年年初，其后该文被其谬赞“磅礴大气，而且入木三分”，或是因为传达了他一部分的心声。

在访谈中，这位善观大势的长者曾直言，有短暂的一段时间，和其他企业家一样，他也有点看不清楚局势，但之后中央反腐的雷霆手段，连续出台的企业家利好政策，数次宣示“让恒产者有恒心”的表态，让他彻底放了心。

之前有几次不利于民营经济发展的声浪涌现，但高层一锤定音“民营企业家是自己人”，让企业家阶层驱散心中迷雾，重拾信心。柳总也欢欣鼓舞，颇为振奋。

据了解，这位饱经风雨的共和国同龄人如今已临近功成身退，以“产业报国”为己任的他，有时也会操心体制行政成本的问题，但对于这个国家走向法治之路，他十分乐观。

▶蒋锡培：政府要向企业学习什么？

谁也想不到，近年企业家给政府提的建议中，最犀利、最轰动的一个，竟来自一位红色苏商。蒋锡培本人却觉得正常，他说：唯有爱得真切，才能说得到位。

别人看到“政商有别”，他却发现这两个系统的统一性：以用户为中心的服务意识；以目标为驱动的效率意识；以机构持续发展为着眼点的成本意识……

在本次访谈中，他提出了一个极其有价值的命题：政府如何向企业学习？一方面，为企业减税，放水养鱼，降低企业运行的外部成本；另一方面，政府降低体制运行成本，提高服务性价比和效率。这才是各得其所，美美与共。

▶钱金耐：新疆企业的一面旗

钱金耐成长在浙江，创业在新疆，布局在上海。

十多年前，乌鲁木齐的一场大火，烧尽了他的心血，也让他浴火重生。大火中，他的选择与行动是艰难的，但无疑是值得的，他收获了很多人的信任与感激。2018年，全国工商联党组书记徐乐江号召全国民营企业家向他学习。

我一直想探究他当年艰难选择背后的动因，在近期的一次学习活动中找到了答案。那次学习，钱总的儿子也在，小伙子捧着家族的“钱氏家训”认真在台上读了一遍，那里面正有坚守仁义、扶危济困的训诫。

中国传统文化的精髓融入并流淌在这个家族的血液里。这便是“文化自信”

的要义。

▶徐爱华：日本顶级企业家为何对她跪拜称师

徐爱华的发言并没有很深的大道理，但她的美与诚打动了很多人。

她说自己所能想象的最浪漫的事，是在中华民族复兴的过程中慢慢变老；她说自己最大的心愿，是写一本人类命运共同体方面的著作。她的心声似乎都很大，但却淳朴真诚，所以在日本参访时，她遇到了日本企业家的“惊天一跪”。

这一切都要追溯到几十年前，当她呱呱坠地时，全家给她取了一个很有寓意的名字：爱华。她说：爱国不是国家的需要，而是自己的需要。

2018 年 11 月，徐爱华当选为绍兴市工商联主席，这是该市史上首位企业家主席。

▶陈功：中国最终会走向大海

陈功先生是政商学界都游历过的人。

他云游过很多国家，以脚步丈量大地；他读过很多书，在阅读中思接古今；作为安邦咨询公司的创办人，他服务过很多政商客户，对大势商情了然于心。

“你问我要去向何方？我指着大海的方向。”在承上启下的节点，这个古老而年轻的国家该向何处去？保持自己风骨、特色的同时，尽量融入人类文明的大家园，是陈功给出的答案。

对于现实中的一些难题，他也有很多的冷静分析、诚恳提醒，值得人们警醒、记取。

▶聂云宸：为何年轻人喜欢喜茶到疯狂？

见喜茶创始人聂云宸，是在 2017 年。访谈中，他解读了喜茶成功的一部分密码。

两年过后，这个品牌并没有如一些人猜测或希望的那样，成为一阵风，飘过就无声无息了，而是成了越烧越旺的一把火。记得当时，喜茶刚刚作为一个网红品牌涌现出来，它的门店只有几十家。如今，喜茶已估值 90 亿元，2018 年底开了 300 多家门店。而这个为无数年轻人所拥戴的品牌，它的创始人还不到 30 岁。

对他印象深刻的有三点：其一，他几乎不参加跟喜茶无关的任何活动，他朋友圈里发的每一条信息，也都是关于喜茶的。他对这个喧嚣热闹的世界，既有热望，又保持着一份疏离，这个年轻人清醒地知道，只有专注，才能让自造的天地变成一个大世界。

其二，喜茶自我定位为“灵感之茶”真是绝妙的想法。酒是古代文人的灵感，而喜茶是当代年轻人的灵感。他在对消费者心理的洞察上，在创意的直觉与天赋上，令人赞叹。

其三，世人因其出众的营销能力而低估了其产品能力。

王志纲：挡不住的国运

- 父亲与岳父磨快了我这把刀
- 我的奋斗：天时、地利与人和
- 拜金年代，文人何以自处？
- 只要你干净，你怕什么呢？
- 等闲变却故人心
- 小道理要服从大道理

“雪地上荡漾着欢声笑语，那是我们的女篮在练兵，当她们苞绽花红之时，辛勤的园丁却不知让命运抛到哪里！”

1975年，在贵州的一个小县城里，担任青少年业余体校女子篮球队教练的王志纲，眼前是女孩子们的叽叽喳喳，身后是一望无际的平庸岁月。怀着迷茫复杂的心情，他写下一首题为《园丁》的小诗，慨叹命运。

此前，他刚从泥瓦匠的行当里脱身而出。在那里，他的同伴不乏劳改犯、强奸犯等形形色色的各路人士。知识分子家庭出身的他，借此对底层社会的苦难与情况有了直接的感知。此时，他并不知道，在命运之神的注视下，他此后将拥有兰州大学学生、新华社名记者、电视制片人、学术研究者、地产总策划、智库创办人等多种丰富多彩的身份与际遇。

兰州大学里，伴随着大漠孤烟、荒凉落日，他反复地研读《资本论》和《毛泽东选集》，这为他日后多次引领舆论风潮奠定了坚实的基础。作为名记者下海后，他又幸运地赶上了地产业勃发的时代，这架日夜轰鸣的“造富机器”让他成为这个国家里很多财富神话的幕后推手，却也让他饱览金钱背后人性的多种复杂面相。转型城市策划，他的客户不乏政府高官。这么多年来，“不粘锅”的性格让他错过了不少“机会”，却也换来了安心与安全。

如今的他，已到了含饴弄孙的年纪。这种时候，江湖已远，一路踏浪而行的他，老疲，却又自得。“岂有豪情似旧时，花开花落两由之。管他世间万千事，闲来轻笑两三声。”

这个中国第一代的“知识网红”，朋友圈里多是些吃喝玩乐的照片，但忘情山水之际他也常忆起当年风云激荡的日子。在那首《园丁》小诗落笔10年后，他在《人民日报》发表了《广州人经受了三次冲击波》一文，一战成名，眼前洞开一个希望无限的新世界。他在给妻子的信中一扫沉郁之气，转为舞台明星般的骄傲抒怀：“感谢机遇为我提供了一个竞争的天地，在这个擂台上，我能随时享受到击败对手的胜利喜悦，因为，我这个人天生就是一个不甘寂寞的弄潮儿！”

对于中国脉搏的跳动，他依然保持着敏锐的触觉。他每年的大势分析，依然引爆新媒体，从2017年的《乱世生机》到2018年的《中国的逻辑》，都过了百万阅读量，甚至被中央党校拿去当作参考资料。只是，今日不与旧时同，媒体江湖一片喧嚣背后，其实是一片萧索。但他看的是大局，在他眼中，全球是盘大棋局，中国正处在一个关键点位……

父亲与岳父磨快了我这把刀

我出生在贵州毕节的一个小县城，我父亲是一位中学校长、教育家，我家祖上是黔北甘溪河有名的士绅人家，耕读传家。在我童年的记忆中，父亲平时常常身着一套笔挺的黑呢外套，内穿一件白府绸衬衫，脚蹬一双乌黑的牛皮鞋，鼻梁上架着一副金丝眼镜，在我们那小县城确是鹤立鸡群，完全一幅整洁干练的知识分子形象。从小学一年级开始，他每天都会带三份报纸回家，《参考消息》《文汇报》和《贵州日报》，让我们对四海九州、大江南北有了初步的认识。他经常和我们兄弟几个纵论天下，从小就给我们讲王阳明，讲龙场驿，讲奢香夫人，讲明洪武年间开埠云贵，又经过清明两朝近百年来历任君主的改土归流方针，羁縻千年的化外之地终为王土等故事。

那时候，我刚度过识文断字的初级阶段，开始迷上了一套讲解中国成语的连环画。父亲常常在家，正好可以随时给我讲解读不太懂的书中故事。当有一次我问起什么是“龙场悟道”时，就见父亲的脸上一扫阴霾，突放光彩。父亲说悟道的主人是我们的同姓本家，悟道的地点就在离我们家不远处的修文县龙场驿，有二十多里路。话说古代贵州属于瘴疠之地，是朝廷贬官和充军发配的首选。时任兵部主事的明代哲学家王阳明因反对宦官刘瑾，被廷杖四十，罚贬至龙场驿。那年头，贵州只有奢香夫人修建的五尺道与外交往。这条道从贵阳经黔西、大方、毕节、乌蒙山通往云南，而龙场驿则是五尺道上的第一个休息站，王阳明在此当了“驿丞”，相当于现在高速公路服务区招待所的所长。仕途中辍，王阳明没有自暴自弃，而是利用这难得的清闲，潜心悟道，终于悟出了心学。

什么叫心学？父亲只告诉我三句话，“格物致知”“知行合一”和“致良知”。那时我根本不明白这些短语的意思。但就在那一刻，父亲在我心里播下了爱好哲学的种子，使我后来对中国传统哲学情有独钟。等到过了而立之年、智慧趋于成熟的时候，我才进一步理解了这三句话的真正内涵，同时也理解了为什么曾国藩、蒋介石都如此推崇王阳明。

如今王阳明似乎在一夜之间就火了起来，其学说已被炒作成了一个类宗教的神物。其实，阳明心学既简单又深奥，**“无善无恶心之体，有善有恶意之动。知善知恶是良知，为善去恶是格物”**。其实四句话就够了，主观意识没有建立的时候，人是客观存在、无善无恶的。当你的主观和客观接轨，产生欲望，才有善有恶。逐渐内修自省，区分善恶，这就是致良知的过程，主观意识与客观世界不停地斗争，为善去恶，这就是格物。

心学之伟大在于它突破了藏在书柜里几千年的宋明理学，直接走到实践中，提倡知行合一、理论与实践相结合，强调去粗取精、去伪存真、由表及里、由此及彼。

王阳明可以说生活在大明的至暗时刻，刘瑾把持朝政，贪腐横行，积重难返。但是在这种情况下，他敢于直言，主持公道，提笔安天下，上马定江山，他虽然屡遭磨难，阳明心学却光耀千古。一个人在这个世间就像沧海一粟，你不能选择出生的环境，盛衰治乱，皆有天定。但是不管是盛世还是乱世，吾心光明，夫复何求，把自己做好就够了。

我受益终身的学养积淀就是从父亲一次次的“庭训”中学到的，所以我很感谢父亲，家学家风就像是源头活水，让我受益终身。回过头来看我的大学同学们，我们接受了同样的学校教育，但他们很多只局限在老师给的框架之内，殊不知这部分在知识的汪洋大海中简直就像一杯水，远不足以助你驾驭这一生的风浪。

当然在学习方面，我也有个致命的问题，就是语言天赋不高，即使通过正规的学校教育，仍然是深感无力，拼音发音不准带来了重重障碍，一拼音打字就打错，幸好现在可以手写，省去我一大麻烦。英语更是这样。

父亲在我年少时的教育，使我掌握了观察事物的方法论雏形，包括通过客观和主观的演变，了解宇宙和世界，观察大势和人心。幼年时候我对大形势的判断力远远地超过我的同龄人，尼克松访华新闻曝光时，我周边的人都是懵的。我却深知，天要变了，时代将会重新打开。

很多人问我从事这么多行业，从学者到记者，到房地产，到区域战略，到国家战略，这其中最根本的东西是什么？这里面其实最根本的就是方法论。中国有句古话“工欲善其事，必先利其器”，砖头瓦块等建筑材料盖不成高楼大厦，必须要立起属于自己的“四梁八柱”。我在大学这段时间，就是奠定基础的 4 年，钻研哲学、历史包括经济学，形成了自己的方法论，这点我非常庆幸，也非常感谢命运的眷顾。1978 年考大学的时候，想去北京大学新闻系，因为新闻系调整到中国人民大学，后来到了兰州大学读政治经济学。刚开始非常恼火，根本不想学，经历过“文化大革命”对“政治”两个字深恶痛绝，“四人帮”把政治经济学教条化了，而且一听说兰州，一下子就想到“羌笛何须怨杨柳，春风不度玉门关”，不寒而栗。

但是不去没有办法，现在回过头来想，反而觉得很幸运。有一次专门在某论坛讲这个观点，还得罪了很多北大学子。我说幸好是在兰州，没有卡拉OK，没有酒吧，没有各种泡妞的机会，所以只好老老实实读书，读死书，死读书，读书死。这种苍凉浩瀚的环境、质朴耿介的民风，反而让我扎扎实实地学了4年。

这的确是我真实的心灵感受，到了兰州以后物质生活、精神生活极其困乏，只好老老实实读书。还有兰州大学很传统，教学全部沿用苏联式教学方式，提倡读原著，把人读得死去活来，读得我天门大开。当时在兰州大学读了两年《资本论》，主要是第一卷，第二卷也读，但是第一卷读了两年，最后围绕《资本论》开了30多门辅助课程，经济学、经济思想史、剩余价值等。我觉得这辈子最大的收获就在这里，两年下来读了7遍《资本论》，第一遍读的时候提起就骂，这个老头子故意整人，简直是天书，根本读不懂，里面有很多概念、逻辑读不懂。特别是他喜欢用典，《荷马史诗》、《伊索寓言》、莎士比亚等，逼得我们从古希腊到文艺复兴之间的书都要去看，再读第二遍感受是：这个“大胡子”太“超人”了，知识怎么这么丰富，信手拈来。到了第三遍、第四遍、第五遍就渐入佳境了。

如果说父亲在我少年时对我有文化开蒙之恩，那成年后，使我思想和文化日臻成熟的恩师就是我岳父。他是一个老干部，但早年毕业于燕京大学，而且一生手不释卷、笔耕不辍，同时他还是一位功力深厚的马克思主义理论家。

他虽然是我长辈，但我们是一对“冤家”。他读《资本论》读了20多年，后来我说他读《资本论》都读成了教徒，非礼勿视，非礼勿听，凡是毛泽东、马克思没有说过的就不能做，凡是说过的你就可以做，这就是读死书了。我把马克思只是当成一个值得尊敬的学者，最后把他的书当成学术著作，不是读成宗教。马克思主义活的灵魂就是方法论，毛泽东也非常重视方法论，延安期间通过“矛盾论”和“实践论”来改造我们的学习。

我印象最深刻的是 1988 年发生的一次最大的争论。当时他跟我讲，改革开放的政策按照马克思理论来说，明明是在搞资本主义，为什么还要贴上社会主义标签，就说我要干资本主义就完了，为什么要说一套做一套，打左灯，走右路。后来我跟他讲，所以你当不了政治家，伟大的政治家就要在两难之间寻找变通，提出走中国特色社会主义道路绝对是高超政治智慧的体现，因为社会主义的目的也是让全民富裕。

从 30 岁到 60 岁，我是他最好的聊天对象，我们相互的交流、争执和碰撞不知凡几，这段经历对我影响深远。我原来自以为掌握的很多东西，其实都是青涩、不严谨和似是而非的，通过他的严谨反过来又夯实自己的基础，所以大学的 4 年光阴和与老岳父之间 30 年的砥砺，对于磨我这把刀起了很大的作用。

我一直认为做战略策划的最高境界就是哲学，以方法论为武器，从实践到理论再到实践，是一种对事物规律的研究，而绝非小点子、小技巧。从马克思主义里汲取辩证唯物主义和历史唯物主义，从阳明心学中吸收知行合一，结合毛泽东“矛盾论”“实践论”从小对我们思维方式的再锻造，脱胎于马克思、毛泽东、王阳明的这套方法论，既是我个人，也是智纲智库安身立命的法宝。

我的奋斗：天时、地利与人和

中国改革开放初期，思想最活跃、最能展现个人才华的地方就是广东，北方则相对沉闷。在我的记者生涯中，在探索中国命运的过程中，广东是一个重要的出发点，也是一个常用的参考系。站在广东潮头看全国，再以全国视角看广东，这赋予了我一种宏观的、超常的观察问题的视野。1986 年前后，政坛风向不定，有一股声音认为广东已经彻底资本主义化，除了红旗是红的，其他的都是资本主义。但当时我们在南方觉得很正常，效率优先、市场竞争在中国南部地区已经成了共识。长达 20 年的时间里，广东是整个中国思想的策源地，改革的实践地，以及市场经济的滥觞之地，还是众多的知识人和文化人的汇聚之地，成为个人展现才能的一个充满自信和活力的大舞台，这就是天时和地利。

人和是什么？大方向上说是命运的转机，同时也是我自己的主观追求。从骨子里我一直认为自己是块当记者的料，但苦于没有机会，我的老岳父虽然在新华社工作，但风骨凛然，坚决不开任何后门。我毕业后在中国社科院工作 3 年，一个阴差阳错的机会，我被调到了新华社。我在这里非常感谢新华社内蒙古分社原社长张选国，他是我人生中唯一的贵人。他跟我毫无私交，就是因为识才惜才，才力排众议将我调到新华社内蒙古分社。那个时候我正好 30 岁，青春年少，意气风发。1986 年，新华社组织小分队全国调研，要抓一些热门话题，为十二届三中全会提供“炮弹”。当时会议讨论的是社会主义精神文明建设，我还是新华社内蒙古分社的小记者，刚待了半年，同事们都不愿意去，互相推诿，我就提出来让我去吧。

当时新华社给了一个典型的主题先行题目，叫作“改革开放促进了精神文明建设”，我说都没有去调查，你怎么就说促进了呢？要是促退了怎么办？这是谁都不想要的题目，但是我没有议价权，因为我是小分队里面资历最浅的记者。这个题目交给了一个老同志，老同志年龄比我大，是上海知青，社里让他带着我。当时我跟他有一段对话，现在回想起来，还像电影镜头一样清晰。他戴着眼镜，镜片就像啤酒瓶的瓶底那么厚。我跟他讲：“组织上把我搭配给你，你可能觉得我是累赘，多的话我就不想说了，因为也没用，我刚到新华社，只想告诉你一句话，你不会吃亏的。”他就笑了，嘴角挂了一丝不易看出来的笑容，厚厚的镜片泛着微光。他就说了两个字：“是吗？”

后来的故事很多人都知道了，《广州人经受了三次冲击波》一出，引起很大的震动，作为小记者的我一夜成名。我印象很深刻，听到中国广播之声传来“《广州人经历了三次冲击波》，记者王志纲……”的时候，我正坐在通往东北大兴安岭的绿皮火车上，天光微亮，车窗外是沐浴在朝阳下的白桦林，我知道我的命运已经发生了巨大的改变。

果然如此，广东省委、省政府三次派人去广东分社要见我，广东分社搪塞几次后只能如实交代，王志纲不是广东分社的人，时任广东省省长叶选平批评广东分社，说这样的人才怎么不是我们这边的。于是广东分社向组织打报告，说能不能把王志纲借过来用一用？1986 年 10 月我去了广东，当时说借 3 年，谁知一待就是 10 年。

那段时间我写过很多特别有影响力的文章，包括《广州人经受了三次冲击波》《放眼向洋看世界》《广东四小虎调查》《珠江三角洲启示录》，还有《百万移民下珠江》《中国走势采访录》，等等。所以当时王志纲不叫王志纲，人称“记者王”，在改革开放的前沿阵地广东，从此多了一个记者王志纲的名字。广东是我这艘小船停泊过的一个码头，虽然没有千丝万缕的牵挂，但是总有一种渔歌互答的默契，我在这里躲过阴霾，避过风雨，也曾经参与了这片码头的建设。后来我离开新华社，封新城在《新周刊》上写了一篇文章，他说，“伴随王志纲的离去，整个南中国交响乐团的首席小提琴手将从此缺位”。

如今几十年过去，回头看，我感到非常欣慰，活在世上要为人类活，为历史活，为自己活。如果一个人为总编活，为某份报纸活，为稻粱谋活，那就算再才高八斗，留下来的也不过是一地残砖碎瓦。

这是我很痛苦的一段时间，下海经商不愿意做，当官又不愿意当，传统记者又不愿意干，但总还得要干事，那时候才 40 来岁。我说算了，只能自己打造一个职业——从大的方面说，它叫体制外；从专业的方面说，它属于咨询行业；从个人特征的角度来讲，我为自己打造了一个“直挂云帆济沧海”的行业。原来知识分子卖文为生，我以卖思想为生，不济的话开坛讲课，每年收点学费，就像孔子一样的收点束脩也是条路。

拜金年代，文人何以自处？

有人回过头来问我，在下海之初是否就做好了准备，我说恰恰错了，宏观、大趋势上我充满自信，但微观上真是心里一点数都没有，很多人下海之前就打造好摆渡的航船，我则是干脆利落地跳到海里。我只是想，作为知识分子中优秀的一员，如果连我下海都会被淹死，那中国的知识分子就没救了，那中国也就没救了，那我个人淹死还有什么关系呢？就抱着这么一个简单的逻辑，我才义无反顾地投入市场风浪中。

我在智纲智库创立之初，就告诉大家一句话：我们是一荣俱荣，一损俱损。智纲智库是中国的一股清流，我们能存活下去，这个行当就能存活下去，我们不能存活了，那这个行当就是污泥一片，不能存在了。这就是我的责任感和道义观。第二句话：这个过程中鱼龙混杂。很多人跟着我们沾了光，一荣俱荣，但是乌合之众最终会被淘汰掉。只要我们不倒，我们会穿越云雾，让中国人最终知道什么叫战略。

所以谈这个行业的时候，我们要关注的不是为什么鱼龙混杂，而应该是为什么有人成龙上天，有人成蛇钻草了。像当年麦肯锡走了出来，和他同时代的许许多多咨询机构死掉了。所以我跟我的员工们说，别的我管不了，管好我们自己，我们已经走了 25 年，也许还要走 35 年的道路乃至更长，伴随着中国产生更多的世界 500 强，它们需要能够与它们对等的战略咨询机构，我们已经伴随一些走出去的企业走出了国门，假以时日，将会有更多的企业需要我们这样的机构。

有一次我在上海跟吴晓波见面，他跟我讲，王老师，我们的幸福指数比你差远了，因为他一路上辛苦得要死。我说不是你的幸福指数跟我差远了，是我们对财富的看法，可能不太一样。还有罗振宇，在《对话》栏目组的时候，我们也打过交道，我对他印象特别深。这个人很有才华，也很有野心。有一次他来找我，我请他在星河湾会所吃饭。罗振宇在落地飘窗前捶胸顿足地说："这才叫作生活呀！跟你比，我们活得是什么样啊?!"如今他在商业化的这条路上也成功了，我衷心地祝贺他。**一代代知识分子登上历史的舞台，这不是个人的胜利，是知识的胜利**。

离开体制的时候，我需要开掘一条运河，用体制外的知识之船，驾一叶之扁舟，凌万顷之茫然，通过这条水道可以直挂云帆济沧海，最后我走通了，也启发了很多人。但是当他们跳进那个水里的时候，他们要的是整个大海。我只是永远清楚，弱水三千，我只取一瓢饮。

当然我对于从商的知识分子并没有意见，商人也好，文人也好，本无所谓，只是一种职业。商人唯利是图、文人文以载道都是本职工作。但是我现在最怕的是两种人，一种是文人里面的伪君子，本身就是穷人，没有经过财富的洗礼，挣不到钱，又想要钱，还把钱当成很糟糕的东西；另一类人就是土财主非要装文人，附庸风雅，也很讨厌。

我回忆起一个精彩的故事。1988 年我在新华社，当时是健力宝集团的总顾问。有一天健力宝开了一场新闻发布会，宣布与李宁合作，我是受邀嘉宾，把全编辑部的人都叫过去了。健力宝送参会者一套服装，我也没把它当成一回事。但我看到一些北京来的记者，刚开始道貌岸然的，后来说有服装，都不得了了，马上回到市井大妈的状态，在那儿当场脱裤子，要试服装，真是斯文扫地啊。行业使然，我所经历的关于财富、权力的故事远超正常人的想象，有朝一日说不定我会开一档节目，好好讲讲这些背后的故事。

只要你干净，你怕什么呢？

我也自我分析过，我最大的优势在哪儿呢？从心所欲，不被金钱所绑架，这个跟我夫人有很大的关系。我夫人是个很坦然、洒脱的女人，我们在很多问题上观点是一样的。如果她当时哭哭啼啼的，不让我辞职，说你走了房子要交回去，我们一无所有，前途怎么办？那我也挺为难的，所以说有个好太太真的很重要。我当时给夫人算了个账，我相信我下海是饿不死的，因为我做什么事都是下要保底，上不封顶。保底是啥呢？生存是基本的要求，我的要求相当低，我夫人也支持我，现在的创业者都是奔着上市融资去的野心勃勃的年轻人，当时我 40 岁，房车皆无，就有一根笔杆和几分薄名。我当时的想法很简单，生活要求不高，但是有一个原则坚决不能动：按照自己的本真、本心，绝不依附第三者生存。同流而不合污，和光而不同尘，这点一直要保持，永远保住。这点我们做到了，到现在 20 多年，合作过的高官有的扶摇直上，有的进了秦城监狱，老板们有的成龙上天，有的成蛇钻草，但无论风波多么严重，我们从没受过影响，依旧开门做生意。很多人忧心忡忡地问过我，会不会有牵连内幕之类的，我可以很肯定地说从来没有。

2003 年以后，我们主要做城市策划，给很多地方的政府做过战略咨询服务，全过程保持冰清玉洁，清清爽爽。听起来确实很难，但前提是你必须是卖方市场，对方有求于你。早在创业的时候，我就跟大家讲过这句话：一个社会不管怎么腐败，理论上一定有 51%是不腐败的。因为超过 50%，社会体系就会崩溃。我对员工的要求，第一不做公关部，第二不做市场营销部，第三不做广告部。你们有闲工夫就练本事。只要你是卖方市场，你具备了选客条件，很多乌七八糟的东西就进不来。

曾经也出现过这种情况，有一次我们帮一个很大的城市做策划，合作得很成功。后来有一天，我的部下告诉我，说相关负责人打电话来，想要回扣，说有钱大家赚，他们也很辛苦，给个茶水钱嘛。我听了以后说，我们对他最大的帮助，就是这个项目取得最大的成功。成功以后，他自然官路亨通，如果他为了这点蝇头小利伸手，最后的结果就会是为丛驱雀、与虎谋皮，后果非常严重。

我曾经写了一本书叫作《第三种生存》，里边用很辛辣的口吻批判老板。有一个员工表示担忧，觉得我们这么写把客户都得罪了，饭碗砸了怎么办？我说你等着看，你把这些老板好好地批判和修理完以后，他们更敬重你。果然，书出来以后，好多老板买了几十本、上百本送人。

所以，要做好战略咨询服务，主要看这几点：**第一，你具不具备成为卖方市场的这个能力？**你是卖方市场，你选客户，别人必须接受你的"江湖规则"。**第二，你能不能够坚守和坚持自己的初心，能不能知行合一，能不能矢志不渝地为了打造中国最好的战略思想库而战斗。第三，有时候业务上也会出现"农闲"，"农闲"的时候很简单，不搞歪门邪道，就是读书、学习、练本事。**真功夫傍身，静待山洪暴发就可以了。这几点我们做到了，而且坚持了20多年。再多风风雨雨，只要你干净，你怕什么呢？

等闲变却故人心

说实话，近15年来，我们已经远离了地产江湖，因为它太简单了，把模具开出来，后面无非就是复制，搞搞政治经济学，拿拿地，卖点楼花，技术含量着实不高。

最难的是我们当年做地产的时候，全中国根本没有建立起地产生态，市场上一片空白，要生产一颗原子弹，连钉子都没有，全需要手工打造。所以我认为我们最大的贡献是在那个蛮荒年代，立足于一无所有的白地，用手工打造出来一套地产行业模具，此后20年狂飙突进的地产时代深刻影响了整个中国，我们是这个时代的助推者。

中国的地产业从广东起步，当时全社会还在懵懵懂懂，王石还在一趟趟地倒着玉米，包工头出身的杨国强一砖一瓦地把自己从乙方建成了甲方，接手了一大片楼盘。但是对于怎么搞社区，搞营销，当时谁都不太清楚，楼盘也是一片冷清，于是他们找到我，希望找个大记者来写篇文章，宣传宣传。我看了楼盘以后说，你这个楼盘写一千篇文章都没用，这不是文章的问题，是战略思路的问题。杨国强其人也很谦虚，就洗耳恭听。我聊到对广东的认识，对珠三角的了解，对地产、政治经济学，包括对中国整个周期的理解，这都是我的强项。最终我说道，竞争的最高境界是在市场上去创造出来的，而不是找出来的，更不是等来的，但怎么创造，这里面需要学问。他听了之后，与我一拍即合。

顺理成章地，我就成了碧桂园的总策划，帮了他3年，甚至就是一份口头协议，君子协定，连合同都没签。为碧桂园找魂、定位，杨国强的团队执行力很强，最后碧桂园一炮而红。虽然后来人红了是非多，也有了一些个人的恩怨，但第一，杨国强这位企业家毫无疑问是很优秀的，是中国农民企业家中最优秀的代表之一。他勤勤恳恳，事必躬亲，像农民侍奉田地一样对待他的企业，所以他注定是一个辛劳一生的人。第二，他还很真诚，从不避讳说自己18岁前的赤脚生涯，聊到兴致高处，鞋子一甩双腿一盘就坐到床上，也算是英雄本色吧。第三，好学习。这是他的优点，但是他也有他的局限，包括他对自己的认识，对我们之间合作关系的认识。

他当时从商人角度出发，认为我们是他整合的对象，他认为给我的待遇远远超过一般的工程师，这样算是很对得起我了。但是他对我们的价值没有清楚的认识，对于财智双赢的观念还没有足够的认知。这没有办法，每个人都有他的局限性。这种认识上的差异使得我们没有继续合作下去。

我跟别人最大的区别就在于从不居功，也不想从老板那里收获什么，帮完就走。我很欣赏春秋战国时期的范蠡。范蠡帮越王勾践复国成功以后，带着西施远走高飞。文种、伍子胥等则想跟着帝王讨个封妻荫子、加官晋爵，结果落得个身死的下场。而范蠡携美泛舟五湖，优哉游哉，十余年后，一代巨商陶朱公登场，商圣的潇洒和通透在里面尽显无遗。

这么多年和商人的合作，让我对人性有了很深的理解。有的老板原来成天围着我，我掏心窝地帮他，但到后来，他站稳了脚跟，毛病就全部出来了。曾有原来合作过的一些老板，多少年不联系后，回头又想请我吃饭。我就叫中间人回复说，相见不如怀念，大家江湖不见也罢。原来他认为你只是一个知识分子，因为多少知识分子被他们侮辱过，被他们始乱终弃过，他们认为文人是不值钱的，我一定要让老板们认识到知识的力量。如今尊重知识已经成为主流，就从这点上来讲，我是作了贡献的。

曾经合作过的一个老板，项目遍天下，身边围满了奉承之辈。这个老板到京城总请我吃饭，我偶尔去过一两次，席间真是谀辞滚滚，正常人听到这些马屁都浑身肉麻，但是这位老板听了浑身舒坦，红光满面，顾盼生姿，一开口就是国家要如何如何。他发表完“高论”后看着我，想让我恭维几句，我的性格大家都知道，越是这个时候，越是坚决不恭维。不仅不恭维，还很尖锐地指出他的不足，自讨没趣两三次以后，他再也不找我了。

王健林这个人做事很有特点，他会亲自打电话给你。他给我打了 3 次电话说要合作，但我确实是不想接这个茬，最后第三次他把电话打来，说：“志纲兄，我们是老乡啊，没有别的什么要求，我们万达北京中心开业了，来了很多朋友，他们就想见你一下，过来一起坐坐嘛。”这才开始了与万达的合作。长白山项目之后，王健林提出要和我们合作 5 年，我没有接受，因为我们和万达这样体量的企业长期合作是不可能的。我太了解老板了，模具开出来以后，肯定会交给职业经理人大规模复制。而首先，职业经理人不了解我们的价值，也就丧失了合作的基础，因为我们是丙方，只有老板才能认识到丙方的价值，会承认和尊重丙方，职业经理人就事论事的思维方式是不行的。第二，职业经理人的权限有限，他们也不可能出500万元请我们。果然之后，他们只出50万元，这就没法合作了。我们员工就问我怎么办，说可以还到80万元，要不多做几个项目。我说不行，这个原则不能变。

有人对我说："王老师的团队有本事，但是只和小老板合作，很少有大客户。"后来见了这个人我就告诉他：工作室不是不能跟大老板合作，而是所有的大老板都是从小老板起来的。任何老板要成龙上天，相当于一颗卫星要发射，需要三级火箭助推才能送上去，而最关键的是第一级火箭。我们做的工作是帮老板换芯片。几乎所有大老板们在尚未发家、有求于你的时候，都展现了人类最优秀的特质，进取、谦虚、敢于挑战、尊重知识，几乎集中了成功需要的所有优点。这个时候我们才去帮助他、孵化他。到了第三级火箭的时候，老板们已经大富大贵，人性的弱点自然暴露无遗，名也要、利也要、权也要。这时候他们不需要老师了，需要的是擦鞋拍马，高呼老板英明的人，我们秉承着独立的丙方立场，是不可能摧眉折腰去讨好谁的，所以分手也就成了必然。现在我是跟所有的人打完交道，从来不主动联系。我们就看着城头变幻大王旗，只要我们有足够的价值，他们就会再回来找我。

小道理要服从大道理

如今的中国面临不少问题，但是最大的问题是民族问题、国家问题。**我们要崛起，美国要打压。这个时候如果是一盘散沙，是不经打的，所以必须攥成一个拳头**。这个时候，很多知识分子就要付出一定的代价，他会很痛苦，不适应。这个很正常，但是面对强敌，就需要强人，这就属于小道理服从大道理了，要这样理解这个事情。

回过头来看，文人最盛产的时期，总是国难家贫的乱世。像魏晋时代，服五石散，啸聚山林，仿佛都是长袖飘飘的高人，但实则当时的社会用水深火热都难以形容，五胡乱华之际北方的汉人都差点亡国灭种，只是我们下意识地把它美化了，用艺术上的成就掩盖了严重的社会问题。民国更是一个乱世，一进租界就天不管地不管，胡适、鲁迅、李大钊、陈寅恪、傅斯年……文豪巨匠闪耀的背后是战火带来的满目疮痍和秩序崩溃下的混乱。

特朗普的“美国优先”理论，真是为渊驱鱼，为丛驱雀。中美双方还是要坐在谈判桌前解决问题，但千万不能小觑对手，对方还会有无数后招，遏制中国绝不是特朗普一个人的疯狂之举，而是美国朝野上下的共识。水满自流，中国经济总量超过美国，这是藏不住、掖不住的。**美国已逐渐意识到，中国不是它的改造对象，而是竞争对手。这是没有硝烟的战争，躲不掉的摊牌该来的总是会来**。比如中兴芯片的事情，我认为利大于弊。**中国的很多企业步入了挣快钱的猎场，能做渠道、瓜分市场轻轻松松地挣钱，都不会想着搞九死一生的研发，通信、医药、计算机等各个行业，都重销售而轻研发，大量热钱烧在外卖、共享这些渠道为王的领域，这是一个非常不好的现象**。所以，美国打击中兴，未必是坏事，打掉一个中兴，唤醒一片民众。革命总要流血的嘛。

我常去美国，有很多直观的感受，美国远比我们想象中的强大，也远比我们想象中的破落。没出过国的朋友，可能感受不深，到美国、欧洲、世界各地去走走，你们会发现自己真的是从现代化国家过来的人。我春节在美国和墨西哥待了 20 多天，回来以后最大的感受是，中国的便捷性远超美国。电子支付、快递物流、手机信号，还有包括高速公路、铁路、飞机等，中国真的不落后于人。所以不去不知道，一去吓一跳，中国的现代化进程，确实是拜这 40 多年改革开放所赐。且不说别的，就说安全，中国就不知道比美国好多少倍，一个人走在深夜的北京街头和走在美国黑人区、贫民区完全是两码事。中国的统一市场体量大，所以滴滴、美团、摩拜……这些公司动不动就有几亿用户。

而美国的联邦制导致州跟州之间的贸易法规都不一样，难以联通。还有，中国人现在的消费力也相当惊人，我上次去泰国一个地方，问他们出手最豪爽的是谁，他们说中国人的消费能力是其他国家的3倍以上。

这40多年，中国的改变非常大，进步非常显著，但是大家为什么越来越焦虑，幸福感在下降呢？这带来了一个问题，就是中国人在物质条件达到一定程度后，到底要什么样的精神追求，这可能真的是个大问题，值得我们认真思考。

40多年前改革开放的时候，那是“但愿到那时，我们再相会”的如歌情怀，是一个纯真年代，是激情燃烧的岁月，每个人对改革都充满了玫瑰色的希冀和梦境。所有人都是无知者无畏，“行到水穷处，坐看云起时”，就算每天都找不到住的地方，依然很乐观，一贫如洗时也在谈论明天的梦想，赌一把锦绣前程。

但现在不一样了，发家了以后自然产生了很多私心杂念，每家都有自己的坛坛罐罐，已经不是激情燃烧的岁月了，固有的利益格局盘根错节。好吃的全吃完了，难啃的骨头全摆在这个地方了，所以才要“虽千万人吾往矣”。

附：

邓公的遗产（节选）

王志纲

人类历史上，面对民族灾难，国内外都不乏勇担大任、置生死荣辱于度外的先贤。时势与英雄交织，构成了一个个波澜壮阔的大时代。

前些年提名奥斯卡最佳影片的电影《至暗时刻》，讲的就是面对第二次世界大战这样千古未有之变局，纳粹大军压境英伦三岛，丘吉尔以“救火首相”的身份，力排众议，打倒绥靖主义，带领英国走出了至暗时刻。历史造就了他，他也改变了历史。

我年轻的时候很喜欢读的《光荣与梦想》，描述了1932年到1972年清明上河图式的美国全景画卷。经济大危机下的美国摇摇欲坠，身患残疾的罗斯福史无前例地四次当选总统，推行新政振兴经济，在第二次世界大战中纵横捭阖，挽狂澜于既倒，使美国再次强大起来，并站在世界之巅七八十年，实现了美国的“光荣与梦想”。如今的特朗普喊着“让美国再次伟大”的口号，可能也是想做“罗斯福第二”吧。

纵观中国历朝历代，从商鞅变法到王安石的熙宁新政，再到万历年间的张居正，改革者前赴后继，然而终究失败者多，成功者少，且大多以悲剧收场。**面对改革开放这道难题，其局面之复杂、变化之深刻、影响之广泛可以说亘古未有。邓小平以明知不可为而为之的勇气，以“虽千万人吾往矣”的决心担此大任，这种气魄本身就非常了不起，而且他最终成就了这份伟业。**

1978年的12月18日，十一届三中全会的召开距今已经41年了，1997年小平与世长辞，到如今也有22年了。政治家的伟大需要用时间来衡量。小平在世时背负了很多骂名，百万大裁军、推动老干部退出历史舞台、国企改革、工人下岗……但40多年后回头看,桃李不言,下自成蹊,我们都是改革年代的受益者和过来人。

隆重的改革开放40周年纪念活动看似已经尘埃落定,但真正的纪念绝不仅仅是鲜花与掌声。以史为鉴,可以知兴替。当下特朗普掀起围堵中国的浪潮,国内外面临空前复杂的矛盾。全社会充斥着各种疑惑、迷茫、焦虑,甚至不同的声音,中国又一次走到历史的十字路口。只有彻底地回顾、整理、继承邓公的遗产,继往开来,才是对小平和这个伟大时代最好的纪念。

有关改革开放的大道理,社会各界已经讲了不少,在我看来,改革开放不是动听的小夜曲,也不是恢宏的交响乐,更没有什么故弄玄虚、高深莫测的理论。我通过自己的经历,讲一些再通俗不过的道理,或许能够从中找到这个古老大国突围与复兴的密钥吧。

一个早已远逝的政治人物,为何每逢重要的时间节点,老百姓都会怀念他?其原因再简单不过,因为每个人的生活都因他而变好,每个人的生存权、发展权、追求幸福自由的权利都得到了尊重。可别小看这一点,在漫长的几千年封建史,几百年近代史里,阶级歧视牢牢地钳制着人们的思想。就算在40多年前,很多知识分子被视为"臭老九"而打倒。而这一切不公平都在小平手中被颠覆。

世界上永远不可能有"终点"的公平,但是小平起码给人民以"起点"上的公平,无论你是农民、工人,还是知识分子、右派、社会边缘人士,只要你努力、勤奋、敢于挑战、永不放弃,你就有可能改变自己的命运。

这次所表彰的100名改革先锋中的企业家群体,谁不是通过自己的双手改变命运?马云、马化腾、李彦宏……哪个不是普通人家出身?全都是以草根之身崛起,并成就了一番伟大事业的奋斗者。这正是一个伟大时代最有魅力、最引人向往的地方。在这个野心年代里,乱世英雄起四方,有枪就是草头王,能升起来的都是太阳。成功者不必感谢谁的恩赐,失败者亦无愧平生,毕竟曾经奋斗过。

无须否认，这40多年当中依旧存在着很多不公平、不合理的现象，道德问题、生态问题、制度问题……还有太多痼疾急需解决，但每个人头顶的天花板已经打破，人能够为自己的命运做主，这种“公平”才是邓公留下的最宝贵的政治遗产。

站在当下回头来看，小平如何开创了这个伟大的时代？客观上的政治遗产背后，主观上的思想遗产又是什么？这就要从小平的个人经历开始讲起。

时势与英雄

英雄造时势？还是时势造英雄？人们为这个问题争论了上千年，可能还会一直争论下去。但在小平身上，我认为“英雄”与“时势”，应该是六四开。

美国著名的中国问题专家傅高义曾经说过：“中国并不是必然会出现一位邓小平这样的政治家，他出现了，并且改变了中国，这是中国的幸运。”

如果没有复杂多变、惊心动魄、九死一生、惨绝人寰的中国近代史，难以筛选和锤炼出像邓公这样的伟人。常人印象中的小平，是一位打桥牌和麻将、抽香烟、喜欢读武侠小说的老人，很少有人记得，他年轻时也是从死人堆里走出来的。1948年的淮海战役，小平担任总前委书记，指挥50万大军，堪称一将功成万骨枯。血与火让他养成了不世出的直觉和掌控力，也养成了泰山崩于前而色不变的气度。别人感觉天都要塌了的时候，他根本不当一回事，虽然平时话不多，但每一句话都分量很重。这些个性都是在千军万马中锤炼出来的。

除了战争，小平的政治生涯也很跌宕，一辈子三落三起，可谓是九死一生。但所幸1933年小平“第一落”，是以“毛派头子”的身份挨整，所以日后虽然几次遭难，但毛泽东始终把邓小平的问题当作内部矛盾，处理起来也留有余地。

1975年，20岁的我已经非常关心政治了。当时全国稍有点头脑的人，都明显地感到日子好过了些。小平主持工作以后，用他独特的方式，从整肃铁道部门开始，恢复生产，整顿科技，鼓励文艺发展，逐渐纠正“文化大革命”期间的紊乱和无序。

1976年“批邓”的风潮中，小平被撤销党内外一切职务，但保留党籍，以观后效。这最后的温柔——“保留党籍”，对于日后小平再次复出起到了相当重要的作用。

1976年1月突然传来周总理去世的消息。周总理辅政26年，经济、外交、教育、国防、科技各个方面可以说全部一肩挑，尤其是在“文化大革命”中，独撑危局长达10年，以至于大家都养成了习惯，只要周恩来还在，这个国家就垮不了。

但是没有想到，周总理突然就走了，他1972年就查出了癌症，又带病工作三四年，已经是药石无救。一位伟大政治人物的离世，让很多有远见的人都感到大厦将倾，国家要出大问题了。但没有想到，总理追悼会居然由小平来致悼词。大家又心存侥幸，虽然一边在“批邓”，但一边还得让小平致悼词，他还是主持工作的常务副总理，可能还有一线希望。没想到，总理的尸骨未寒，小平马上又被打倒了。

这一下子，老百姓心里面所憋的怨气，对国家的绝望，和10年难以容忍的愤怒，终于到了1976年清明的时候爆发了。各界民众涌入天安门，在天安门前发泄怒火，悼念周总理，这期间留下了很多经典的诗歌。最经典的一首就是：欲悲闻鬼叫，我哭豺狼笑。洒泪祭雄杰，扬眉剑出鞘。有很多人甚至在天安门纪念碑上吊了很多小瓶子，用象征性的方式呼唤小平。

终于十月春雷，天不负我。“四人帮”倒台，具体故事就不讲了，但其中以叶剑英元帅为代表的党内健康力量起了很大的作用。希望虽然来临，但还是那个问题，中国向何处去？没有一个经天纬地的人，根本把不住中国这艘船。在这个问题上，叶帅确实了不起。他深知只有邓小平能堪当此大任，所以他利用他的影响力，联系党内很多积极的健康力量，强烈呼吁让小平出来工作，这一点应该说是功劳卓著。

最后小平终于又走上了政治舞台。当时20来岁的我在贵州大山深处闭塞的小县城中，成天竖着耳朵关注北京的新闻，因为政治和我们的命运太关联了。

终于有一天，一个在北京体育学院读书、比我大几岁的老兄回来了，他一回来等于带来一个中央电视台，我们都围过去，听他讲从北京带回来的消息，其中最震撼的新闻就是小平复出。

在北京工体一场香港足球队同中国青年足球队的比赛上，他们突然看到小平出现在了主席台上，全场所有人站起来鼓掌欢呼，球都顾不上看了。民心向背，可见一斑，大家对邓小平给予了很高的期望。

这里面讲个小故事，我几年前遇到了小平的妹妹邓先群女士，她退休前曾经是总政群工部的部长。那天我们在三亚正好遇到，邓女士特别和蔼，在聊天过程中，我越看她长得越像晚年的小平，于是顺势问了个问题："你们邓家是不是有长寿的基因啊？"她说在邓家，90多岁是很常见的。我开了一个玩笑，我说小平幸好长寿，小平不长寿的话，中国的改革就完了。她说怎么这么讲？我说："你想想，如果小平只活到75岁，就不可能当改革开放的船长；如果小平只活到80岁，中国的改革就会中途颠覆，如果小平只活到87岁，他就不能发表'南方谈话'，然后'左'倾主义就要冒头；幸好小平活到了93岁，最后才能够以88岁的高龄巡视南方，终于把中国这艘航船推上了改革开放的道路。"

小平作为一个政治家，从死人堆里走出来，政治上三起三落，在中华民族处于"危急存亡之秋"的时候担任船长，不仅是罕见的高寿，更没有老糊涂，反而是老而弥坚，带领我们走出激流险滩。这点上我真的只能归结于冥冥当中的天意了。

我们经常讲时势造英雄，我想在中华民族命运转折点上，特别归结到邓小平身上，时势顶多只占了40%。中国近代史上的艰难困苦、九死一生、复杂纷呈的时局，再加上个人跌宕的命运，终于磨炼出这么一个伟大的政治家。

剩下的60%，则是英雄造时势，归功于小平的高寿和睿智，以及他从青年开始，长达七八十年的风风雨雨所磨炼出来的非常卓越的才干和掌控力，面对惊涛骇浪化险为夷的能力。正是这种不世之才，才使得人类历史上可以说是几乎没有先例的改革，在中国获得了基本的成功。

回头看整个社会主义体系的国家，几乎都在搞改革。苏联干脆把自己改没了，东欧改得七零八落，朝鲜也在艰难地尝试中，唯独一个在改革上尝到甜头的是越南，我们叫改革开放，越南叫革新开放。名字只改了一个字，内容上更是照搬中国，利用后发优势，萧规曹随，竟然也获得了成功。这也算是邓公遗产的国际化案例吧。

历史选择了邓小平，邓小平也改变了历史，那他究竟如何改变了历史？

尊重人性，尊重常识，顺应规律

贯穿邓小平思想最核心的东西，我认为有三点：尊重人性，尊重常识，最后必然顺应规律。

小平有别于几乎所有政治人物的最大特点，就是尊重人性。这点听起来简单，但绝大多数政治人物做不到，人一旦站得太高，权柄太重，随便的一句话、一个决定，带来的可能是一代人的命运转身。被权力绑架的人，肯定会丧失对人性最基本的尊重，对人性的扼杀在极左年代里尤为普遍。

而小平不一样，他非常珍惜平凡人的家庭生活。毛毛（邓小平女儿）的回忆录中写道，在江西的日子里，他经常给儿子邓朴方擦身子、洗尿片，我们能感受到他作为父亲的那种痛苦，他认为自己拖累了孩子。在江西3年多的时间，是小平政治生涯中的最低潮，也是他个人和家庭生活最艰难的时候。这期间他通过汪东兴多次给中央写信，在这些信中，他很少对自己个人的工作和生活安排提出要求，却充满了对家人的关爱。1978年，小平复起之后，虽然日理万机，他依然尽量每天晚上全家上下一起吃饭，享受“四世同堂”的天伦之乐。

除了对子女舐犊情深，小平的感情同样寄托在人民身上。

举个很简单的例子，就是农村改革。我出生在贵州最穷的地方，我对饥饿和贫困有着深刻的感受。在政策和政治风向稍微松动以后，最迫切要改变命运的就是贫困地区的农民们。甘肃、贵州，还有安徽等地，农民开始选择“大包干”。

现在想起来这是多么的可笑啊，农民在自己的土地上想按自己的方式去种自己想种的东西，都成了犯天条的事情。小岗村的农民们甚至要签订“生死契约”，交代好子女等身后事，才敢自己种粮食，可想而知极左对人性的扼杀到了何等程度。

很多地方对于农村出现的“大包干”现象，习惯性地进行打压。在这个时候，小平发挥了非常重要的作用。时任安徽省委书记的万里在支持“大包干”这件事上，受到了很大的压力，小平鼓励他“不必陷入争论，你这么干下去就是了，就实事求是地干下去”。有一次万里遇到一个农业部的副部长在批评包产到户，他辛辣地讽刺他吃得肥头大耳，农民却饿得皮包骨，说他怎么能不让这些农民想办法吃饱饭呢？

摒弃掉教条，敢于放手后的短短几年时间，农村释放出巨大的活力，耕者有其田，耕者会种田。短短两年时间，农民就解决了几十年解决不了的吃饭问题。农民不仅吃饱了饭，还释放出了80%的剩余劳动力。最开始的政策叫作“离土不离乡”，农民可以离开土地搞乡镇企业，但不能离开这个区域，这种政策为乡镇企业的诞生创造了土壤，很多日后的大企业都诞生于这个时候。

伴随农民的能量越来越大，乡镇企业已经束缚不住他们的活力。这批青年们开始走州串县，开始闯上海、下广东，甚至奔北京。上亿的青壮年走入城镇，走向工厂，他们是全世界最庞大的劳动力群体，他们身上迸发出的活力成了中国最强的竞争力。珠三角和长三角成为世界工厂，极大地推动了中国的工业化进程。这批生力军同时也成了最强大的建筑大军，推动了中国令世界瞩目的城市化。他们的收入寄回家乡，使偏远地区也得到了很大的发展……

取得了如此辉煌成就的农村改革，当初的蓝图却并不远大，甚至有些寒酸：所谓的农村改革，无非是为现实所逼迫，要让农民活下去、有饭吃，怎么有饭吃怎么来。

小平说过："我是中国人民的儿子。我深情地爱着我的祖国和人民。"[①]所以他不会被僵化的教条所拘束、被高大上的口号所绑架，而是站在中华民族的根本利益上来考虑问题，小则让中国不被开除"球籍"，中则为人民谋幸福，最后才是顺其自然地屹立于世界民族之林，而非之前就朝着"大国地位"一路狂奔，他一切改革的出发点都是对人性的尊重。

邓小平的第二个特点，尊重常识。这里讲一下民营企业的故事，我在新华社所接触过的改革名人中，傻子瓜子的创始人年广久算是一个。

年广久是安徽芜湖人，他是从社会底层走出来的人物，没什么文化，但他的确炒得一手好瓜子，本来只是摆摊做生意，没想到瓜子越卖越火。于是他开始雇工，最后甚至雇了 12 个人。

在当时，雇工超过 7 人就存在剥削的观点被教条的马克思主义者奉为金科玉律。很多人都盯上了年广久，要求严肃处理他的雇工问题。

但是没想到，这个消息传到小平那儿，他看问题的角度和别人不一样：一个被叫作傻子的人，又没文化，又没地位，凭自己的能力，不仅能养活自己，还

① 中共中央文献研究室编：《邓小平思想年编：1975—1997》，中央文献出版社 2011 年版，第 349 页。

能养活十多个雇工，这意义非常大，为什么用意识形态来衡量它呢？其次，如果我们把他打掉，牵一发动全身，那就可能会扼杀掉一批新生的、自力更生的城市失业人口。为什么不看一看？让“傻子瓜子”经营一段时间，怕什么？伤害了社会主义吗？

小平发话，终于把这件事压下来，决定放一放、看一看再说。这一放就扶持了一棵幼苗，带出来一大片草原，形成了一个森林，私营企业就是这样被“放”了出来。

伴随一个“傻子瓜子”被肯定，整个中国的个体户开始风起云涌，成千上万的万元户开始崛起，民营企业的滚滚洪流开始不停向前。中国第一次有了“海”，下海成了当时最火热的词，这片“海”最先形成的地方，就是珠三角。

如今的珠三角，已经是世界级的大湾区，但创造这一奇迹的每个人都是普通人。农民工背井离乡不是为了一个伟大的理想，而是为了一己私利——解决生存问题。在家里面只能脸朝黄土背朝天，修理地球，然而到珠三角挣的钱比家乡多得多，可以有余钱回家盖房子。离开了老婆孩子热炕头，他们付出很大的代价，但获得的也许是明天，是未来。就是这一点期待和普通人的一己私利，使上亿的农民成为中国巨大的人口红利。

港澳地区的商人们也不是国际友人白求恩，他们同样是来挣钱的。把欧美的订单拿到手，跑到珠三角，找到当地的大叔大妈，找块地，租一个厂房，不断地扩大规模再生产，在中间吃差价。就这样很多老板发了财，他们也是出于普通人的一己私利，但一不小心就推动了世界工厂的形成。

珠三角的本地农民也很简单，他们就是为了收点租金，在土地上盖了很多厂房，出租出去挣点钱，也是为了一己私利。

珠三角的领导人同样非常朴实，改革开放之初的广东省委书记习仲勋说过，千言万语说得再多，都是没用的，把人民的生活水平搞上去，才是唯一的办法，不然，人民只会用脚投票。广东改革开放的实际操盘人任仲夷说：见了红灯绕道走，见了绿灯赶快走，没有灯要摸着走。蛇口的创始人袁庚说：向前走，别回头。句句都是大白话。

40多年过去了，珠三角顺利地实现了工业化，由珠江东西两岸构成的工业走廊，成了全世界极具竞争力的产业集群，无数的民营企业在这里蓬勃发展。普通人按照常识做事，但最后却收获了不平凡的结果。

从年广久的瓜子到珠三角万亿规模的民企集群，中国民企的命运一脉相承，如今的民营经济，已经贡献了中国50%的税收、60%的GDP、70%的技术创新、80%的就业岗位，90%以上的企业数量。这都是原来改革开放之初想象不到的。这一切都是常识的力量。

还有一个典型的例子，就是恢复高考。温元凯和我聊天时曾讲过，在1977年8月的科学和教育工作座谈会上，初生牛犊不怕虎的他，关于高考制度改革提出了四句话："自愿报考，单位同意，统一考试，择优录取。"他当时还不敢把话说太满，不敢说恢复高考、择优录取，他觉得自己说的已经够过头了，他当时一边说，旁边的教育部部长一边皱眉头。

没有想到这四句话讲完以后，小平不假思索，接过话头就说：16个字的建议比较好，"但第二句有点问题，比如考生很好，要报考，队里不同意，或者领导脾气坏一些，不同意报考怎么办？我取四分之三，不要这一句"。所以，后来确定的招生方针中就取消了"单位同意"这一条。[①] 通过这种下意识的反应，就能看出小平内心深处对于人性和常识的尊重。

因为教育和学习本来就是常识，没有哪个国家民族会不重视教育、不尊重科学。"文化大革命"给人带来的灾难，不光在肉体上，更重要是在精神上。当时管知识分子叫臭老九，知识越多越反动。所有人都远离知识，知识就是麻风病，就是瘟疫。在这种背景下面，整个民族对知识产生了严重的认知障

① 中共中央文献研究室编：《邓小平决策恢复高考讲话谈话批示集：1977年5月至12月》，中央文献出版社2007年版，第57页。

碍，对知识分子丑化到了无以复加的地步。

正是在这样的背景下，才有了小平对高等教育制度的迫切改革，他再次明确宣布："今年就要下决心恢复从高中毕业生中直接招考学生，不要再搞群众推荐。从高中直接招生，我看可能是早出人才、早出成果的一个好办法。"①。现在回头看，多抢出来的那一年，意义非常大。现在的中国，从中央到地方，哪一级别的官员不是高等教育改革的受惠者？如果这个时候台上的是张铁生和那些造反派，中国会是什么样的格局？

往美国派遣留学生也是如此，当时无数人反对，认为美国是资本主义的大本营，花花世界，我们的精英送过去就回不来了。的确，有很多人没有回来，但小平坚信，当国家越来越强大的时候，他们终归会回来的。果不其然，越来越多的归国学子为中国的科技发展提供了强大的动力。

如今回过头来看，哪有什么高深莫测，无非是对常识的尊重与坚守，再加上过人的胆魄罢了。

尊重人性与尊重常识，九九归一，最后自然就会顺应规律。规律是什么？2000多年前的经济学家和政治家管子说得已经很明白了，"衣食足而知荣辱，仓廪实而知礼节"。用邓公的话来讲：发展就是硬道理。用党的十九大报告来说：我国社会主要矛盾已经转化为人民日益增长的美好生活需要和不平衡不充分的发展之间的矛盾。这就是人性，这就是常识，这就是规律，一切改革的肇始与归依，也都应当如是。

不唯书，不唯上，只唯实

除了对人性与常识的尊重，还有对规律的顺应。他像一个老成持重的观察者，重复发挥群众的创造性，遇到新鲜事物，先放一放，看一看，成功的经验

---

① 中共中央文献研究室编：《邓小平决策恢复高考讲话谈话批示集：1977年5月至12月》，中央文献出版社2007年版，第54页。

推广到全局，失败了总结教训。这是改革开放探索当中最低成本的玩法。

推动广东早期改革开放的任仲夷用的也是这套工作方法：先斩后奏、边斩边奏、斩而不奏，改革总是从违法开始的，很多事情可以先去探索。永不探索、永不走路、永不摔跤，这是极端教条主义的做法。探索肯定会摔跤，摔了跤站起来接着走就行。

对于这套工作方法，我总结起来就是三句话：**逼出来的改革、放出来的活力、摸出来的市场。可以说它几乎贯穿了40年的每一个阶段，特别是重大的危机阶段。**

有人批评小平不懂创新，其实领导者根本不需要创新，毛泽东说："人民，只有人民，才是创造世界历史的动力。"[①]再伟大的人也只有一个脑袋，领导人做的无非就是判断和承认，把好的东西承认并推广，不好的吸取教训。

还有人批评小平"摸着石头过河"，没有一套完善的制度设计，这更是无稽之谈，戈尔巴乔夫设计的一整套理论，从经济基础到上层建筑，完备至极，被很多中国的知识分子奉为圭臬，甚至用来攻击邓小平的"土鳖"法子，结果如今的苏联已经灰飞烟灭，而中国正在一步步崛起，历史永远是最好的裁判。

小平被称为中国改革开放的"总设计师"，但他从来只做方向性的设计，改革不同于修桥盖楼，没有事前设计好的图纸，必须"走一步看一步"和"摸着石头过河"。只要大目标不变，长计划短安排，在实践当中随时调整修正，大方向就不会出问题。所以与其说小平是"总设计师"，我更愿意称呼他为"总舵手"，实事求是，把握方向，随时调整。

1989年，小平正式宣布退休，八十五岁高龄的他，也该去安享晚年了。但是没有想到，他又一次发挥出了人们穷尽想象都想象不出的巨大历史作用。

1990、1991年，极左力量开始抬头。党内总结教训，认为放得太开，导致资产阶级自由化泛滥，反击的办法就是搞社会主义教育，甚至要割资本主义

① 《毛泽东选集》(第三卷)，人民出版社1991年版，第1031页。

尾巴，整个中国处于停滞状态。

1991年10月底的一天，社里突然叫我接电话。我进了采编室把电话拿起来，原来是新华社总社社长穆青给我打的电话。穆青虽然官居高位，但非常平易近人，他不摆架子，所以我们都对他很尊重，有的时候也亲切地喊他为“老头子”。

穆青在电话里说：“小王啊，我是穆青，我过几天要来广东，主要是对广东进行一次认真的了解和采访，至于写不写和写什么再说，你得陪着我。”我说：“现在宣传广东不合时宜吧。”他说不对，最近中央开完全会，这次全会一个最重要的贡献就是再次坚持和强调，以经济建设为中心。我说这不都是老生常谈了嘛。他说：“错了，在此之前的风向是要废除掉这句话，甚至回到老路上去。这次再次重申，非常了不起，就像一辆车在下滑的时候刹住了。那么另一个非常重要的问题就是，广东作为改革开放的前沿阵地，到底站不站得住？广东的探索到底是不是中国的未来之路？众说纷纭，我作为一个老记者，一定要亲自去看一看。”

1992年，王志纲陪同新华社老社长穆青采访珠江三角洲

现在回头来看，穆青同志真是有着极高的新闻敏感度，他和小平几乎是前后脚到的广东，穆青是1992年元月初来的，小平开始视察南方是1992年1月18日，而就在此前不久，是震惊世界的苏联宣告解体事件。苏联和东欧的剧变，导致国内停止改革开放，关起门来稳定意识形态的说法甚嚣尘上。很多人在怀疑红旗还能扛多久，毕竟整个苏联都解体了。

那个夜晚我至今印象深刻。完成了深圳、珠海特区的重点采访后，我们落脚顺德的顺峰山仙泉酒店小住。我和穆青正在讨论稿子，突然接到电话，新华社广东分社副社长打来的，他说，我们从珠海到顺德的这五天时间里，小平已经到了广东，而他负责全程陪同。

他还汇报说：小平此行本来是高度保密，但前两天已经被香港媒体泄露出去了。原来是小平去深圳的锦绣中华参观时，被一个有新闻敏感的香港游客拍到了，这个游客过了罗湖口岸就以10万港元的价钱将照片卖给了香港报社，这家报纸立刻刊发了头版头条独家新闻"小平南巡"，全世界的目光都集中到了广东。

广东省委原副秘书长陈开枝是我的好朋友，他负责整个接待过程。后来我们聊天的时候，他谈到了当时的很多细节。到了深圳后，小平看到特区翻天覆地的变化，越看越高兴，当时广东省委希望能够借小平来的这股东风扫去原本沉闷的气氛，广东省委请示小平，希望把小平视察南方的事件公开报道，小平话也不多，就说：不开这个口子。把门给封了。

但是有关方面还是不死心，当时的省委书记谢非同志和小平的女儿毛毛，认为鉴于香港已经"炸营"，各界都在议论纷纷。希望穆青同志以新华社的名义向中央打个报告，同意将小平南下公开报道。

我当时在旁边听着很激动，忙不迭地直劝穆青，希望他接受这个建议。没想到穆青足足沉默地抽完一支烟后，才说："唉，谁能做得了老爷子的主啊。"意思就是小平自己都说不让发，那谁说也没有用的。穆青是多年的老党员，非常讲原则、讲党性，所以放过了最直接的报道机会。

新华社不公开报道，但当时深圳的市委书记李灏却为历史留下了珍贵史料。后来我见到那篇名文《东方风来满眼春》的作者陈锡添，就问他："当时新华社广东分社的副社长也在随行，掌握的信息比你还多，为什么你写了这篇名震天下的文章，他却没有写出来呢？"

陈锡添说，李灏书记当时的指示是，不管能不能报，都要全文记录下来，不得遗漏。谢非的秘书陈建华也有很高的政治敏锐性，他亲自去买了一个走私的小录音机，把真实的历史资料抢救了下来。这也从侧面说明当时所有人都措手不及，原来以为只是接待而已，谁都没有想到历史在眼前爆炸，他们都成了历史的参与者。

那次来深圳，小平不停地问，不停地阐述他的思想："允许看，但要坚决地试。""计划多一点还是市场多一点，不是社会主义与资本主义的本质区别。""改革开放要胆子大一些，敢于试验，不能像小脚女人一样。看准了的，就大胆地试，大胆地闯。""深圳的重要经验就是敢闯。""中国要警惕右，但主要是防止'左'。"①……句句力拔千钧。

从深圳到珠海的船上，小平讲了很多，这对于88岁的老人而言，其劳心费神，可想而知。小平仿佛是在交代自己的政治遗言，也仿佛是讲述他历经风风雨雨后得出的那些炉火纯青的道理，中国之命运、中国之未来、中国之道路究竟在哪里，要清楚解答这些问题，容不得他有半点懈怠。

历史就在这关键的时候发生了转折，小平视察南方前的中国，仿佛雷暴将至，乌云滚滚，接下来是黎明还是黑夜，谁都说不清楚。小平最后这次四两拨千斤的视察南方，"寒凝大地发春华""于无声处听惊雷"，终于把中国这趟几乎脱轨的列车又推回正轨。此后的中国围绕着经济建设，几无偏离，成就了人类历史上罕见的发展奇迹，而我有幸成为这一历史节点少数的间接和直

① 《邓小平文选》(第三卷)，人民出版社1993年版，第370—383页。

接的观察者之一。

回到我跟小平的妹妹邓先群女士所聊的那个话题，小平的长寿可以说得上是“天佑邓公、天佑中华”。如果棋至中盘下棋的人弃盘而走，工程做了一半工程师却不见了，那局面将会彻底无法收拾。从善如登，从恶如崩，一旦半途而废，那真是“倘使当时身先死，一生功过有谁知”了。所幸小平用自己毕生的功力把这盘长棋圆满收官，他也完成了自己伟大的历史使命。

尾声

我从大学开始学习马克思主义，多年以来一直是坚定的唯物主义无神论者。然而越到晚年，我就越倾向于不可知论，前沿物理学理论的探索也印证了这一点，现有技术手段无法观察、无法解释的现象，不一定都是迷信，都是唯心主义。

从逼出来的改革，放出来的活力，到摸出来的市场，40 年来中国面临无数次危机，稍有不慎就会全盘倾覆；74 岁再出山的“船长”邓小平，更是垂垂老矣，中国很多方向性的抉择却又不得不系于他一身；全世界最杰出的经济学家、诺贝尔奖得主、投资天才一次次预言中国要崩溃，一浪浪的时代红利又推动着中国不断向前，产业链转移、互联网浪潮、高速城市化、消费升级……

40 多年过去，中国居然就这么走了下来，甚至走到了和美国直接对话的位置上，仿佛冥冥当中，真的有一种挡不住的国运在庇佑着中国。

如今的中国确实面临着暂时的困难与危机，很多企业家朋友来找我，诉说他们遇到的困难和想要“换船”的打算，我都会告诉他们，困难只是暂时的，我依旧坚定地看好中国。只要我们不走回头路，不犯颠覆式错误，能够光大邓公的遗产：尊重人性、尊重常识、顺应规律、实事求是，中国的崛起是挡都挡不住的。因为中国从来就不是一个暴发户，所谓的崛起，只不过是历史的回归罢了。

作者后记

《邓公的遗产》发表后，我突然就成了所谓的“爆款文”作者，这让我始料未及的同时，也不由想起了20年前那个倚马可待、青春作赋的记者时代。当时的我尚不知道电脑与互联网，只能在逼仄的陋室里慢慢爬格子，虽然客居岭南多年，但还是难以忍受羊城的酷暑，实在热得扛不住了，只好去水房接一桶凉水，从头淋到脚，回来再接着奋笔疾书，但每一篇写好的文章登报后，总会收到雪片般的读者来信，数量以麻袋计，拆信、读信和回信是专属于那个年代的痛苦又快乐的体验。

当时的云山珠水是最令人向往的热土，遍地是改变命运、发家致富的神话。与之形成强烈对比的是，我们这批在改革开放第一线的新闻工作者依旧家徒四壁，常年衣无领、裤无裆、光着屁股走四方。不过虽然清贫，我们依旧心忧天下、满怀壮志，因为有幸遇到了一个激情燃烧的岁月，中国在发生天翻地覆的变化，为那个伟大的时代鼓与呼就是我们新闻人的使命。

1994年离开新华社后，我一直从事战略咨询行业，走遍了中国的山山水水，从沿海、沿江、沿边到沿线，我接触了成百上千的基层企业和区域政府，也与无数达官显贵、豪商巨贾打过交道，因此对民间的喜怒哀乐感同身受，对改革开放给中国带来的改变也有了更加深刻的认识。

如今世事倥偬，20多年过去，我也从风华正茂的记者“王”变成了年轻人口中的“老王”。在瞬息万变的互联网时代里，信息高度碎片化甚至粉尘化，人本身也仿佛沦为一种快速消费品。40年前的岁月，显得遥远而陌生。而我有幸躬逢这一伟大的时代，作为改革开放40年的亲历者、受益者、观察者甚至推动者，在这个特殊的时间节点上，于情于理，我都应该写些东西来纪念邓公，致敬这个伟大的时代，于是才有了此文。本来就是个人的纪念之作，所以文中也没什么大道理，更多是自身经历与思考的总结，用一个俗人的视角来讲一些朴素的规律。

没想到这篇“俗人俗事”的文章发出来后，引来反响无数：有党内的老同志托人捎来谢意，认为本文讲出了他们的心里话；也有经年未见的老朋友特地打电话来说，看了这篇文章很感慨，想起了我们这代50后波澜起伏的一生；有正值壮年的企业家，留言感恩这个龙蛇出没、英雄辈出的年代，成功者不必感谢谁的恩赐，失败了也无愧平生，这一切都肇始于邓公。

让我意外的是，本来和我们这代人没有任何共同话题的80后、90后们，也因此文而产生了共鸣，他们从文中了解到这一切的来之不易；有人说，之前受极左思维影响甚深，对改革开放和小平常怀偏见，读完此文后，不由幡然悔悟；更有不少读者留言，在这个浅阅读时代，竟然能字句不差地读完一篇一万两千字的长文，甚至读到激动处泪流满面……

地不分南北，人不分老幼，地位不论尊卑，学问不论高低，无数人都被这篇文章打动，究其原因，并非这篇小文的价值有多高，写的有多好，无非是大家都沐浴在邓公的遗产中，天同此道，人同此心，心同此理罢了。

我在后台看到的几千条留言中，绝大多数网友对邓公的怀念与感恩真切感人，虽然也有寥寥“端起碗吃饭、放下碗骂娘”的人、改革中利益受损害的“失意人”的恶言相向，但毕竟只是极少数。真理自在人间，怀念邓公、发扬邓公遗产的声音终究占了主流。

时势与英雄交织，构成了一个个波澜壮阔的大时代。如今我们又面临着内忧外患交织的严峻局面：贸易冲突、债务危机、资本寒冬、股市暴跌、裁员潮给2019年蒙上一层阴影。对于未来，大家总是衷心地希望一切好起来，或许政策层面上会再出一些利好，或许经济在下行期后，很快就会反弹……我无意给大家泼冷水，但也不想去说那些花团锦簇的吉祥话。

经济长期结构性的失衡、红利的减退与国家崛起过程中必然面临的打压，共同导致了这一场漫长的寒冬，2019年并不是春天的信使，但就像邓公说的那样："这场风波早晚要来，晚来不如早来。"我还是《邓公的遗产》一文中的观点，**困难只是暂时的，我依旧坚定地看好中国**。而这篇文章的反馈给了我更多信心，一篇普普通通怀念邓公的文章能打动这么多人，说明邓公的遗产已经深入我们的骨髓，指引着我们前进，**只要我们尊重人性、尊重常识、顺应规律、实事求是，不犯颠覆式的错误，中国的崛起是挡都挡不住的**。

对遭遇苦难、不公和不堪，感到无望而抱怨一切的朋友们，我也想送给你们一句话，**世界上永远不可能有"终点"的公平，但是邓公给了我们以"起点"上的公平，让我们去闯荡大江大海**。**帝王将相宁有种乎？只要你不放弃，不颓唐，无论将来成败几何，老去的时候，你总归可以对自己说无愧平生，无愧时代了**。

刘永好：民企到底需要什么？

- 26 年参加“两会”让我印象最深刻的三点
- 是时候调整个税、提高公务员待遇了
- 关于“逆城镇化”
- 民企要取得实质性平等待遇还需要一定时间
- 改善营商环境的核心

我仔细看了下他的头发，67 岁的人，发色黝黑，没有一丝白发。身边的人说，他喜欢运动，重视健康，吃饭准时，晚上也按时入睡，尽管经营公司百事缠身，却从不会烦忧失眠。

他自己将这种风雨不动安如山的心态归因于时间和经历的馈赠，“我们年轻的时候，受过太多的苦累和磨炼，我们啥都经历了，所以对很多问题，可以淡然和从容”。

大浪淘沙，他是剩者，更是胜者。作为新中国第一代企业家，和他一起赤足下海的同行者，有的事业衰败，有的淡出江湖，有的身陷囹圄，有的墓草久宿。唯有他，走过千山，依然微笑挺立。

从养鹌鹑开始，到养牛、养猪、做地产、进军化工行业、布局金融投资，30 多年来他稳步前行，又适时辗转腾挪。如今，他创立的企业年营收已过千亿元，成为中国最大的民营农牧企业。

北京的新希望品牌馆入口处，是一个常青树的造型。25 年前，他第一次当选为全国政协委员，在人民大会堂不无忐忑地宣讲《私营企业有希望》。之后，每年的“两会”，他都会准备为民企发展鼓与呼的提案或建议。

数十年来，他看着自己的事业逐渐壮大，早已超越了当年的初心与梦想。而为数众多的民营企业也在这些年飞速成长，有些成为有世界性影响的庞然大物。万物生长，自有其时序、际遇与定数。见惯起伏生灭之后，他宠辱不惊，关于自己这个阶层的命运，他有一个真诚的愿望：中央的一系列政策要“落到细处，落到具体处”。

我们在北京“两会”闭幕之际见到了他。作为实业家，眼前的他并不以深邃的思想和华丽的表达见长，但显然，他为自己用双手在田野上描画的壮阔诗篇深感骄傲。

他是刘永好。以下是他的自述。

26年参加“两会”让我印象最深刻的三点

2018年是我第26年当选为“两会”代表、委员，我感觉这次的“两会”和往年相比有一些不同，有新的变化。

首先是换届，今年政协和人大换届，有很多新面孔。

其次是国家进入了新时代。新的时代，强国、强军、强党、强企，都要加强党的领导。

再次是过去的这两年，国家出台了很多有关民营企业的政策，企业家待遇有了很大的不同，比方说2017年的《中共中央国务院关于营造企业家健康成长环境弘扬优秀企业家精神更好发挥企业家作用的意见》（以下简称“25号文”），包括党的十九大报告再一次提出了对民营企业的肯定与保护，以及新型的“亲”“清”政商关系。

所有这些都给民营企业松了绑，给予了鼓励与支持。民营企业在过去有一段时间里的投资增速下跌，现在又有了较好的增长。近期，最高人民法院重新审理张文中案，这对民营企业家来说是很大的鼓舞。这不只是纠正冤假错案，更重要的是在保护民营企业家精神、企业家财产和企业家的法律地位。

我在2003年担任政协经济委员会副主任的时候，就建议国务院按照党的精神，把非公有经济现状的调研作为一个主要的课题来研究。

我先提出来这件事，大家觉得这是一个热点，也是一件很重要的事，于是建议我做调研小组组长。这是经济委员会的立项项目，第二天我一想，我本来就是民营企业家，若去调研，人家会认为这不太客观。于是我建议由厉以宁老师做组长，我做副组长。但工作安排已经定了，最后就是他和我两个都当组长。

我们共同组织调研了将近一年，完成了在广东、辽宁等多个省的调研，最终形成一个调查报告交给国务院。没想到，温总理当天就在我们的报告上作了批示，给予肯定，认为我们的这些调查非常重要，并表示国务院应再做一个调查，厘清以前的历史政策和文件。

最后，国务院又组织专人进行了一年的调研，最终出台《关于鼓励支持和引导个体私营等非公有制经济发展的若干意见》(以下简称“非公 36 条”)。“非公 36 条”颁布后，我记得是 2005 年的 3 月 4 日或 5 日，温总理来到我们政协经济委员会，感谢政协同志的调研促成了“非公 36 条”文件的出台。

“非公 36 条”是政府对非公有制经济进行全面保护、支持的第一个文件，它的出台对民营企业是极大的鼓舞，民营企业家都认为民营经济的春天来了。这是大事，我能参与其中，感觉很骄傲！

但是在细则的实施过程中，有一些不足、困难和问题，出现了“玻璃门”“旋转门”等情况。后来我又成为“非公 36 条”实施义务专项调查组的主要成员，联系工商联和相关的部门，最后出台了“非公 36 条”的实施细则和其他新政策。

总之，我的感受是国家的政策在不断地完善到位。我做了 26 年的政协委员或人大代表，每年都至少提交两份以上与非公经济相关的提案，呼吁比较多的是产权保护、一视同仁对待民营企业、金融支持与贷款等问题。今天回头看，当时反映、建议的问题几乎都体现在后来相关的政策文件里了。

我认为政府大格局定下来，这是主体，推动过程中还要靠宣传与贯彻。

毕竟在国家大政方针的实施过程中，不同的人会有不同的理解和认识，还有不同的执行情况。现在多数地区的干部对民营企业的态度确实发生了很大变化，从以前见不了到现在见得了、谈得了，并且能解决企业难题。可仍然有少数地区还有这种情况：门好进，脸好看，但事情就办得比较慢。

26 **年参加“两会”，我印象最深刻的第一点是民营企业的进步与成长**。有人说，民营企业各领风骚三五年。记得 1993 年我做政协委员的时候，共有 15 个企业家委员，但是到今天，这 15 个委员中现在还在的不多了，有的是企业没了，有的是不做企业了，或者是人病了，甚至走了。

印象深刻的第二点是最近几年，做代表、委员的民营企业家在数量和格局上都发生了变化。一批年轻人、一批新经济的代表参与了进来，比如马化腾、李彦宏、雷军、刘强东。

第三点，1993 **年时，民营企业一年的产值可能只有几千亿元，但是到今天已经占到 GDP 总量的半壁江山，这是极大的发展**。那时大学生找工作的顺序，第一是外企，第二是政府，第三是国企，最后一个选择才是民企。但是今天，很多大学生都选择民营企业，我们公司就有很多北大、清华，甚至哈佛的毕业生。

我创业的时候，有种说法是“不三不四，或者是不务正业的人才做民企”。以前，在民营企业工作的员工都不敢讲自己在什么公司工作；今天，他们可以骄傲地讲“我在新希望集团工作”。如今在民营企业工作显然受到了外界极大的肯定和尊重，我觉得这是很大的变化。

是时候调整个税、提高公务员待遇了

这次“两会”，我和许家印、董明珠等几位企业家一样，都比较关注个税起征点这一议题。我认为是时候在个税起征点上做一个调整了。实际上李总理的报告中也谈到了，这是好事，我认为肯定要调。好几年前定的起征点是3500元，那时工资才1000—2000多元，3000多是很高的工资。但是现在再看，3500元算是低收入。我认为应该调到1万元上下，这个力度很正常。

关于企业税赋，总体来讲，我认为中国的企业税赋是相对比较高的。但不一样的是，因为我从事农业产业，国家对农产品施行了一些优惠政策，减免了增值税。我这方面的体会可能没有那么强。

这一次全会，我体会较深的有以下几点：

第一，这次政府报告谈到了国家机构改革，合并了一些部委。以前一件事归几个部门同时管，导致企业几头跑，效率低，也导致政府管理不到位，总体责任不落实。国家精简机构，或者说进行机构改革，我觉得总体是好的。

第二，按照标准方式配置干部，总体是有道理的。我们国家很大，幅员辽阔，但是人口分布不均衡。有一些是大省、大县，一个县有100多万人，但是有一些小县可能只有几万人。有必要根据具体的区域、人口和特色，做一些调整。

第三，国家提出了"八项规定"，严明纪律，规范干部行为，并且提出高压反腐，形成不敢腐、不能腐、不想腐的格局，反腐已经形成了压倒性的态势。

近几年很多企业家感觉春节好过一些。以前需要考虑是不是要请当地的分管官员吃饭，在哪里吃饭，怎么吃；送礼送什么，送大送小，很费心劳神。现在这些问题都没有了，有很大的变化，社会风清气正，对经济也好。

第四，政府官员，包括一些央企的领导，其实很聪明，也非常勤奋努力。他们为国家做了不少的事，同样能力的人也同样辛勤，但是跟我们民营企业比，总体上工资待遇还是偏低。所以说，国家严格反腐，开正门、闭后门的同时，也是时候适当地提高公务员的待遇了。

关于“逆城镇化”

城市化是指大量的农村人口进城务工，促成了城市化的进展。所谓逆城镇化就是说，现在我们城市化的比例已经超过了60%，国家又提出了乡村振兴，提出了实现农业现代化的时间表。

过去的这几年，城市化使得农村的中青年越来越少，农村劳动力空心化。一方面这折射出国家城市化的进程，这是好的地方。但是要实现现代农业，振兴乡村，形成第一、二、三产业联动，就需要一些年轻的、有创新意识的新型农民，需要一些有胆识、有开拓精神、有知识、有本领的人回到农村。一些在城市里工作三五年的农民工，学到了一些知识，有了一定的资金，同时也看到了市场的需求，选择回乡创业，这就是逆城镇化的一种。

我提出，国家应该支持、鼓励农校毕业的大中专生从事三农产业。他们科班出身，继续从事这个产业，效率会更高。同时国家也应培养一批新型农民，包括农业技术人员。

过去大家谈到农民，印象是朴实、吃苦、正派和简单。但另一方面，往往又认为农民穷、土，不够时尚。其实这对农民是不够公正的。

由于历史原因，农村居民与城市居民在收入上还有一定差距，将近1∶3。但是随着现代农业和乡村振兴的开展，将会有一批优秀的年轻人返乡，成为新型农场主、新型电商人员和新型农村技术人员。对这部分人，应该给他们正正名，不要叫农民，他们从事的是绿色的产业，我称之为绿领。

以前绿领一族是特指喜欢爬山的、环保的这些人，我觉得绿领是相对于城里的金领、白领和蓝领而言的，是现在我们所说的新型农民。这是一个新的概念。为什么叫绿领？

第一，这是一个有朝气、有活力、有创新意识的群体。

第二，他们收入不低，一些新型农场主一点都不土，还很时尚。

第三，他们把第一、二、三产业联动起来，把城市和农村衔接起来。他们既有城市生活的经验，又能把城市规模化、现代化的组织理念带到农村去。

第四，他们从事的是绿色、环保，跟人的生命和健康密切相关的产业。

第五，他们生活、工作在蓝天白云之下，大地之上，跟自然结合得最深、最多。

据农业农村部讲，2018年有2000万名新型农民，后期可能还会更多。这些新型农民一旦崛起和成长，将成为标志中国开启逆城市化进程的萌芽，也标志着中国将会涌现一批受尊重的群体——绿领一族。

国家发展现代农业的冲锋号已经吹响。今后，这些绿领的工作有可能被城里的金领、白领和蓝领所羡慕、向往。这样的话，我们将吸引一批最优秀的群体汇聚到现代农业领域，农业现代化的进程将会加快。

民企要取得实质性平等待遇还需要一定时间

以我自身的经历为例。1994年，我当选为全国工商联副主席，是改革开放以后第一个担任这个职务的民营企业家。在这个职位上我连做了两届共十年。

最初我不太清楚工商联的定位和作用，工商联和统战部的领导跟我讲，工商联就是联系党和政府与民营企业的桥梁与纽带，要把民营企业的想法、意见以及呼声反映给党和政府，同时也要把党和政府的方针政策传达给企业。作为第一个副主席，我做了很多的调研，结果发现有很多的诉求：

1. 法律保护问题和财产保护问题。那时候公有财产神圣不可侵犯，但是对民营企业没有相关的保护措施。

2. 准入许可问题。很多行业只准国有企业进入，不准民营企业进入。

3. 贷款问题。这是最大的，也是最普遍的问题，因为国有银行不给民营企业贷款。

基于这几点，我们写了不少的提案、建议，呼吁解决这几个问题。

首先是关于银行贷款的问题。1993 年，金融体系的改革还没有开始，银行都是国有银行，坏账率高达百分之十几甚至二十几，按国际标准都应该破产了。我当时就在工商联主席会上提议，由工商联牵头，民营企业家出资，组建一个新型的民营银行。新银行可以为我们民营企业贷款，也可以做金融改革的新试点。

这个提议最后得到时任全国工商联执委会主席经叔平先生的支持。他以工商联的名义向中央打了报告，最后得到了朱镕基同志和人民银行的批示，准许我们组建一个全国性的商业银行，这就是后来的民生银行。我既是股东又是副董事长，成了改革开放以后第一个民营企业的金融高管。

在新时期，工商联还应继续发挥连接党和民营企业的桥梁纽带的作用，帮助、支持、推动民营企业的发展。

现在从党和政府的政策文件或者法律层面看的话，应该说对民营企业和国有企业是一视同仁的，这是非常明确的。但是实际上在实施过程中，有的地方是严格执行，少部分地方确实存在着执行不到位的情况。主要原因有：

第一，从业人员的意识问题。有些人或多或少在操作过程中会有一些倾斜国企的想法，例如银行贷款、投资管理的审批，很多人会觉得相比贷款给民营企业，给国有企业贷款的风险会小一些。

第二，国有企业现在总体来说都比较大。它们在获得资金或者是大的项目方面，相比民企还是有一些优势。某些地方政府在考虑投资机会的时候，往往愿意跟国有企业合作，这种情况还是存在的。

所以说，要真正完全做到对国企、民企一视同仁，还需要时间。

非常希望国家将既定的有关民营企业的大政策落到细处、落到具体处。

第一，更加完善具体的配套措施。

第二，希望各级的政府官员贯彻执行国家的各项政策，不走样。其实我们民营企业不需要特别的优惠政策，只要跟社会其他主体一样地被平等对待、一视同仁即可。

第三，国家应该表彰一些对国家、社会做出贡献的民营企业家，像表扬劳动模范、科学家等人一样。

改善营商环境的核心

把党和政府的各项政策，包括“25号文”、党的十九大精神以及治国理政新理念新思想新战略真正地贯彻到位，这就是最好的营商环境。

好多企业家也跟我交流讨论如何处理与政府及政府官员的关系，我认为这几条很重要：

第一，守法。国家的条例、法律规定了很多东西，我们要把它弄明白、看清楚。法律不允许的，原则上就不做，这样叫守法。

第二，按照党和政府的要求去做，不做党和政府不希望我们做的事，这也是最重要的一点。

第三，不要试图绕过自己的努力和市场的观念而走捷径。之所以是捷径，不是大道，是因为往往捷径上有一些陷阱。少走捷径，按照规则去做。

第四，跟政府的官员，在进行积极的反映、沟通的时候，靠的是健康的互动方式，而不是请客送礼这些。保持一个“亲”“清”的关系非常重要。

柳传志：新中国成立以来企业家的最好时期！

- 法治让恒产者有恒心
- 中国企业家的精神特质

比预约的时间提早两分钟，柳传志走进屋来。身材挺拔、笑容满面的他，与大家交换名片，恰当地照顾到场的每一个人。

在此前的漫长岁月里，他一直努力走在时间前面。此时，这个人的生命刻度上，已画了74道年轮。他适度放缓了步伐，但依然行走在风雨江湖之中。管理企业、会见友人、打高尔夫、看黄磊的电视剧和高晓松的视频节目，这些日常活动之外，他思考最多的是“中国向何处去”这样的宏大议题。

不同于杨小凯和牟其中的宏观政治视角，在经济技术层面，他有很多具体而微的设想。在耕好自己的一亩三分地之外，他希望社会空气保持湿润，正气充沛。

他谈媒体热议的张文中、顾雏军、毛振华，还有自己的创业往事，松弛中带着审慎。这位被惯称为“企业家教父”的人，嘲讽自己其实一直比较“怂”，勇敢并不是自己突出的人格特质，这次跟几家媒体的会面，也只是在在商言商的范围内“过过嘴瘾”。

柳传志对现实的困难和问题，有清醒的认知，但总体上，他是一个务实的乐观派，对正迈入一个新阶段的中国，他信心满怀，直言心里高兴、敞亮。他看见，这个年龄比他还小的“新中国”已踏上一条金光大道，这条路，通往辽阔之地……

法治让恒产者有恒心

20世纪80年代，柳传志创业遭遇磨难无数：被机关办事员长期刁难、被迫搬迁工厂、计划经济向市场经济转轨时的那些碰撞……各种办企业与政府打交道中会碰上的槛，他都经历过。

联想曾在某地投资准备建一个冷链市场，钱交完了，领导换届，下任领导上来说，这块地改为绿化带，不能建了，几千万元就白交了。

“今天这个事还没完呢。我觉得这就是窝囊，要不你把钱退给我们，不然凭什么就不退钱了呀！但是小企业真的就不一定敢较劲了。”他叹道。

如果市场规则不明，边界不清，企业很难办事。

最近由最高人民法院发起重审张文中等案，柳传志听到后非常高兴。“这次能够重审，代表了营商环境中企业家最最认可的一点，就是法治的公平。”张案在企业界影响很大，柳传志说，他曾数次设想如果自己遇到这种情况该怎么处理，一向善于复盘与腾挪的他发现，身临其境几乎无路可走，“真是非常难”。

有媒体曾罗列前些年有过牢狱之灾的企业家，光知名的就有20多位：顾雏军、李途纯、张海、黄宏生、褚时健、孙大午、乔赢、吴胜明……柳传志希望企业的发展能告别无序的营商环境，进入一个法治的轨道。他认为曙光已经在前，张案能够重审及最高人民法院的通知，“应该特别让企业界欢欣鼓舞”。而他本人，“就在党的十九大召开前一年，我觉得我自个的心慢慢就踏实了”。

他认真观看了央视的《将改革进行到底》纪录片，里面透露的信息，尤其是党把贪腐讲在明处、严厉打击，以及明确了让“恒产者有恒心”，这让他感觉吃了一颗定心丸。

2017年9月25日，《中共中央国务院关于营造企业家健康成长环境弘扬优秀企业家精神更好发挥企业家作用的意见》正式颁发；2018 年 1 月 2 日，最高人民法院印发《关于充分发挥审判职能作用为企业家创新创业营造良好法治环境的通知》，要求切实纠正涉及企业家产权的冤错案件。这一系列的文件都让这位老人感到振奋。

“现在我觉得是改革开放以来，做得最好的时期。而且这次不仅有文件，还有具体措施，里边也讲得特别清楚，**‘纠正一起错案胜过制定一沓文件’**，希望以这个为突破口，以后一步一步地能够落实下去。”“大家应该有耐心，要知道整个民主、公平、法治的进程将有很多很多具体困难，要理解党和政府。”柳传志说得很诚恳。

事实上，历史学家黄仁宇多年前就曾在回忆录《黄河青山》中断言：**“对中华人民共和国来说，解决之道可以依循一个明确的大方向：强化财产权。就政府和法律而言，道德训示的功用通常不及财产权，因为前者无法在竞争时提供精确的测量。”**

黄仁宇完成这本书是在 1983 年。第二年，柳传志在一间 20 平方米的小平房里开启了自己的创业征程。这一年，也是中国的公司元年。

中国企业家的精神特质

10 年前，柳传志的老友周其仁在《邓小平做对了什么》一文中罗列了改革开放 30 年中最关键的 4 件大事，其中一是中国特色的产权界定；二是“把企业家请回中国”。在周其仁看来，如果没有民营企业，中国经济绝没有今天的局面。

柳传志亦将企业家看作中国发展强劲而独特的动能。

他在国外出差，办完事，开完会，喜欢找当地企业家一起聊聊，听听他们的生活和想法。柳传志发现，他们到一定阶段，想的大多是在海滩晒太阳，或者安稳度日岁月静好。这一点上，中国的企业家显然不同。

“中国企业家跟外国企业家有一个非常明显的不同，就是给点阳光就灿烂，不断在挑战高目标，不断要求上进。这个以前以为是句中国人自己鼓励自己的话，等你真把各国走遍了，了解他们以后，发现真是千真万确的。这个劲头如果要说的话，我看也就是犹太人能有一比，美国人都不行。”柳传志赞道。**“要求上进，聪明勤劳”，是他认为的中国企业家精神特质**。

一路走来，柳传志与他的同辈企业家，开创了很多奇迹，也眼见着后来者弄出更多让人惊叹的新花样。当年，他看到第一台个人电脑时目瞪口呆。而今，他麾下的联想集团虽然面临不小的挑战，但已是全球 PC 业的王者。2017 年评出的《财富》世界 500 强，像联想这样的中国公司占据了 115 个席位。

由柳传志女儿柳青任总裁的滴滴打车，已成为全球投资机构竞相追逐的创业公司，在 5 年内增长了恐怖的 5000 倍，在美国著名创投研究机构 CB Insights 发布的“全球独角兽公司榜单”中位居第二。这个榜单里前十名，中国公司几乎与美国公司平分秋色，总量也与美国差距渐小。

“中国已经有了上亿人口规模的中产阶级，而市场提供的服务、硬件和软件还相差甚远，这个市场大得很，把这块做好了，保了底，你再往外走，就已经不得了了。”柳传志道。

企业家精神与大市场和后发优势相激荡，将中国托举为世界第二大经济体。

“当中国刚刚改革开放的时候，谁家里有一台日本的录音机就不得了了，不是录像机，录音机就不得了，后来就是彩电，全是日本的。没过几年就全是中国的了，而且中国的比日本的还好，价格还便宜。”而现在去东南亚，凡是有华侨的地方，当地首富几乎都是华人。“只要给华侨一个生存的地方，他们就能变成富裕的人。”**只要机制好了，“营商环境高度法治化，中国人聪明才智释放出来的能量将是不得了的”**。说到这里，柳传志几乎两眼放光。

上进和聪明之外，柳传志认为，中国企业家身上还有一个显著的特质：家国情怀。这其实也是他们这一代企业家身上一个很突出的特质，更是他一生的印记。吴晓波在《激荡三十年》里写过，当初在中科院蛰伏的14年，与同事热议那个激荡变动时代里正在发生的国家大事让他激动不已。后来投身商海，他坚定地为企业定下“产业报国”的愿景。如今年逾古稀，他还“悄悄地”为国家财政算账，如果某些地方将一些实际效用不大的机构撤销，会节约多少钱。

我也曾见过好几位企业家，因为在国外某种场景下民族自尊受了刺激，誓言要做出该领域最好的产品，为自己的国家与民族“争一口气”。和平年代，商场替代战场，成为许多有志者建功立业、开疆拓土的沙场。

暮色渐至，听着眼前这位年逾古稀的教父级企业家侃侃而谈，或忧心，或开怀，在某个瞬间，难免感动。

数十年过去，对这个国家的事，当年那种朴素的热情、良善的愿望未改分毫。这样一些老人，与现时代那些年轻的弄潮者一样，内心亦曾彷徨，脚下却未曾停步。他们看似奔向不同方向，其实都处在同一股滚滚向前的洪流之中。

我们不得不在心中感慨，中国正是这样一条翻腾不息的“巨流河”，乱石穿空，惊涛拍岸，一路溯回曲折，却又奋勇向前。展望其画面，是一幅气势恢宏的壮阔长卷；倾听其声响，则是一首雄浑激越的慷慨悲歌……

蒋锡培：政府要向企业学习什么？

- 梦想帮我渡过了一个又一个难关
- 要看重企业的竞争力而不是所有制
- 最大的问题是信心问题，最大的成本是制度成本
- “建议”是一定能落实的
- 政府要提高服务性价比
- 一定要做利国、利人、利他的事情

从修表匠起家到电缆产业巨头，从赚5万元的“大目标”到电缆王国的掌舵人，在蒋锡培近40年的奋斗史中，我们看到的是关于努力与坚持的成长故事，以及自身命运与时代脉搏紧密结合的生动写照。

远东控股集团党委书记、董事局主席蒋锡培分享了自己的创业故事、经营思想以及对未来的希冀，他说企业家的本质是去奉献、去创造、去感恩，这一本质值得所有的企业家共勉。

梦想帮我渡过了一个又一个难关

以前我也没有想到自己会办一家企业。我们小时候的理想不就是能够考上大学吗？当时，我就想成为一名大学老师、教授，也算是光宗耀祖了。而且我的家乡宜兴又崇尚读书、崇尚教育，是“教授之乡”“院士之乡”。

父母说要想离开农村、有所成就、出人头地的话，唯一的出路就是考上大学。所以，我从小就怀着考大学的梦想，而且学习成绩非常好。但是，在当时的环境下，应届生考上大学的大概只有10%左右。当然，有很多学生通过复读也考上了大学。我也复读了一个月，但没有坚持下去，坚持下去的学生，很多都走上了大学之路。

后来，我就去修钟表，因为修钟表是一门很好的生意。以前在农村，理发师、木匠、建筑工等都是不错的职业。再加上我哥哥有这门手艺，他有意无意地说道他的生意如何如何好，一天能挣几十元钱。那个时候，一天能挣几十元钱是很让人羡慕的，20 世纪 80 年代初，按这个标准计算，一个月就能收入好几千元，已经很高了。因此，我就喜欢上了这门手艺。

也就是在那时，我给自己定下了赚够 5 万元的目标。那个时候，万元户已经很了不得了。我想：自己要是有 5 万元存银行里，每年还能有几千元的存款利息，那这辈子就安稳了。当然那个时候，对于社会和历史等都还没有太深的了解，因此那时候的目标就是这样的。但是，目标是会随着时间的变化而自然地变化的。

在学了 56 天修钟表之后，哥哥跟我说："你可以自己去摆摊了。如果有问题的话，我可以帮助你。"一开始我还半推半就，后来我想，既然哥哥这么说了，那我自己摆摊挣钱也很好。别人要学半年的手艺，我不到两个月就学会了。

也正是在这个过程中，我感觉到做生意还是很有讲究的：首先，你要非常认真，要能够理解对方。其次，你要非常诚恳，对人要客气。在那个时候，各方面的知识我都学到一点。此外，修钟表跟其他手艺不同，一坐就是一天，坐 10 个小时、15 个小时都是常事。再次，你要有足够的耐心。手表的零部件太小了，一块手表有几百个零部件，要把它坏掉的部件，特别是它的轴心修理好的话，确实是个细致活儿。所以，这份职业对我的影响还是蛮大的。就这样干了几年后，我手里攒了 20 多万元，1985 年，我就带着这些钱回到宜兴办了一家仪器仪表厂，专门制作钟表零部件。但由于钟表零部件对精密度要求很高，再加上缺乏技术人员，我们制造生产的零部件合格率不高。

在勉强维持了 3 年后，我不仅血本无归，还倒欠了近 20 万元。现在回想起来，那个时候确实是我经历的困难时期了。自己赚的二三十万元，都是修一块表 1 元钱、1.5 元钱积攒起来的，一下子都亏光了，亏光了还不算，还欠了这么多钱。家里所有的东西，除了房子，几乎都卖光了，要还欠下的这么多债，那时的压力很大。

但是，我相信天无绝人之路，我一定能重新振作起来。而且，我的亲朋好友对我还是很有信心的，因为他们知道我是因为什么样的原因亏损的，相信我还能做得起来。所以，自己的梦想、目标和执着的追求，还有很多人的关心，使我度过了一个又一个难关，我现在对他们非常感激。从某种程度上来说，除了自己的努力，外部的客观条件也是必不可少的。

虽然生产钟表零部件失败了，但我那几年积攒的信誉还在。所以后来，我又向亲友东拼西凑借了15万元，开始买卖电线电缆。因为当时生产资料还实行计划供应，我就利用地区间信息传递滞缓、存在产品价格差的特点，通过到浙江、安徽购买电缆，然后拿到上海、江苏等地销售转卖，赚了不少钱。后来算了算，在不到两年的时间里，我不仅还清了欠款，还赚了100多万元。现在回想这一路的创业经历，我觉得不断树立新的目标对我的影响是很大的。当只有一个小厂，在地方上还只是小有影响的时候，我就想把它办到在这个行业里有影响，在省里有影响；后来，我就想要在全球做到行业第一；现在我想的是，能够帮更多人解决实际困难，让他们的事业更成功，生活更美好，也让加入远东的员工和股东们生活得更好。

我想这也正是我们一直倡导的让客户满意、员工满意、股东满意、政府满意、社会满意的理念的核心所在。能够更好地让他们都满意，这也是我现在的使命和追求。

要看重企业的竞争力而不是所有制

算起来远东应该是最早搞混合所有制的企业了。我们很早就开始跟国企合作，在这方面也有很好的经验。当时，我们的企业中既有国家股又有集体股，还有核心员工股，可以说是典型的混合所有制企业。

而且，在采用混合所有制经营管理的这五六年当中，各方也确实发挥了各自的优势。尽管与央企相比，我们员工的股份只有25%，但这家企业是我创建的，我没有把它当成是央企，也没有把它当成是国企或集体企业，而是全心全意地为它做事。

那时候我就想着，如果企业做不好亏了的话，我就砸锅卖铁赔偿。相关各方看到我这么自信、态度坚决又有管理企业的能力，所以也非常欣慰，没有和我签条条框框的协议。但我深知这份信任来之不易，我要好好珍惜。所以在这之后的几年当中，我带着企业每年提高一个台阶，逐渐把企业做到很大，也做得很到位。到后来，我又把它回购过来。

所以不同的行业、不同的企业，要实行混合所有制，归根结底要看合作伙伴以及它们的经营理念，包括它们给到的一些制度安排和人员配备。各方互相信任、优势互补，朝着做好、做强企业的共同目标去努力的话，就容易成功。

不管怎么样，我们都要做到与人为善，都要尽心尽力，也都要朝着对国家有利的方向前进，如果时刻保持这样的文化和理念，我相信合作成功的概率会很高。因此，不管在什么样的体制下，只有坚持以客户为核心，以市场为导向，以品绩兼优者为中心，持续激发相关人员的激情和热情，才能真正做出最好的产品和服务，才能解决客户的问题、社会的问题，这是至关重要的。

但实行混合所有制就怕同床异梦，就怕各打各的算盘，不按照游戏规则办事。**我认为无论是央企、国企、民企还是外企，都要走市场经济的道路，一手抓制度，一手抓发展，只要是依市场配置资源、开放开明的就是最好的**。

因为在现实经济中，民营企业也发挥了非常重要的作用，如果民营经济得不到更好的发展，没有更好的氛围，那么地方经济、地方政府也会面临巨大的压力。所以不要刻意地讲哪种类型的企业更重要，民企也好，国企也好，外企也好，对于我们国家来说，每个机制、每种类型的企业都很重要，特别是关系国计民生的。

我们最好也不要讲金融业、制造业、互联网等哪个行业重要。凡是符合市场经济发展规律的、有竞争优势的、能够满足市场需求的产品和企业，就是好产品、好企业，就要去支持。不管什么类型的企业，也不论是制造业还是金融业，都是你中有我、我中有你，互相依存、共同促进的关系。

所以我的建议是，要把资本、人才等资源输入到有全球竞争力的企业和组织当中，不分所有制，不过分强调所有制。

最大的问题是信心问题，最大的成本是制度成本

前段时间，我的12条建议在各大媒体中刷屏了，一时间我仿佛也成了焦点人物。我确实是比较率真的。我认为一个人要么干脆不说话，但要说就要说实话、真话，没有必要撒谎。这是我的风格。

“好事不说跑不了，问题不说不得了。”如果要讲话，就要说出问题，道出解决方法，这是关键。所以我的核心思想和观点就是在讲金融、经济和市场，而这其中**我认为最大的问题是信心问题，最大的成本是制度成本**。

国务院曾召开了关于降成本、减负担的会议。我提出的12条建议，其实也是围绕国务院这个会议的主题展开的。既然谈及降成本、减负担，那就要看到这些问题，要提振市场和企业家信心，要释放制度红利。

当然，我这次对企业减负的呼吁也并非突发奇想。一方面，我自己做企业33年，对企业负担重的问题深有体会；另一方面，我在一些商会和企业家组织中也兼任着一些职务，经常有机会和企业家们在一起，常常能听到他们在讨论负担重这个问题。

此外，我在地方人大工作过很多年，在江苏省人大也任职三届了，还当选过十六大的代表，所以我在提出建议和意见的时候，一定是经过深思熟虑的。

凡事都要以事实为依据，在充分调研的基础上提出问题和解决方案。所以这次建言我并非随意提出问题，而是在探讨如何解决问题。我所提出的几条建议都是有解决方案的，而且这些解决方案是从全球角度来考量的。这段时期美国非常强硬，就是因为它看到了中国市场经济所产生的巨大影响。而我们有一个强大的政府，政府的支持是我们的强大后盾。

中国现在处在文化自信和民族复兴的阶段，所以我们需要做的就是要与时代共同进步、与国家同频共振。习总书记在这个阶段提到的道路自信、理论自信、制度自信及文化自信是非常有道理的。我们现在要有自信，尽管在执行的过程当中遇到了一些问题，比如企业的负债较重，美国的全面围堵，但国家与国家的竞争，关键在于企业及企业家的竞争，所以这个时候我们还是要坚定信心、依道而行、打造优势、参与全球竞争。

“建议”是一定能落实的

我相信 12 条建议中的每一条，相关政府部门都会重视的，他们会审时度势、统揽全局、综合考量。虽然也有一些经济学家从某个角度谈其中某些问题，但企业家中还没有人像我这么系统地直接提出来的。

我也听到有人说，虽然这次的税制改革是以不增加企业的负担为原则的，但客观来看，这几年企业的负担是一直在上升的。对此我认为，总体的负担肯定是在下降的，但是总体税收确实是在上升的。这其中有两方面的原因：一是经济在不断地发展；二是税收部门加强了征管，即要求企业补缴原本应缴而未缴的税。比如按照原来的税率，有很多税，特别是个人所得税，很多企业并未足额缴纳，现在逐步要求足额缴纳，数据自然就上升。因此，虽然推行减税，但税收额不减反增，其增长甚至两倍、三倍于 GDP 的增长。这就是为什么在推行减税的同时总体税收却在上升，因为各个地方在加强征管。

对很多民营企业来说，加强税收征管会增加企业负担，更严重的是还要补缴 5 年前、10 年前欠下的税，这更让其难以接受。所以后面补充政策提出以不增加企业的负担为原则，特别强调既往不咎，消除了大家的顾虑和担心。

此外，我还提到了因为环保检查不过关，让企业立刻关门这种“一刀切”的做法是很粗暴的。所以环保部门的压力很大，它要出来回应。因此，这 12 条建议提了以后，相关部门都能看到并有所触动。

政府要提高服务性价比

政府也有人认为这次的个税修订没有改到位，但我认为中央政府是会重视的，政府也强调了个税的调节是动态的。下一次“两会”召开时，我相信这还会是大家的主要议题。这次赋税改革，提高起征点，允许六项抵扣，包括父母养老费用的抵扣等，是有进步的，肯定减轻了企业和老百姓的很多负担。

前段时间，我看到三全集团的创始人陈泽民给全国人大常委会写了一封公开信，他也在谈税制改革和减轻税负的问题。从目前承担的压力和负担来看，一些企业，特别是民营企业，碰到了之前少有的困难。在这个时候，如何进行体制改革、机制改革，如何降费降税，是至关重要的。

一方面，政府的改革尤为重要。政府改革的主要方向应该是如何更好地利用大数据和信息化来有效地管理国家，减少行政开支。减少行政开支，其实就是要“庙少、和尚少”，政府的机构和人员必须要精简。因为所谓的减费减税其实关键还是在政府，如果政府的机构和人员精简不下来，费用就减不下来。政府人员和机构精简以后，老百姓的满意度会更高。

要建设现代化的管理制度，政府可能需要提高服务性价比。政府人员的职责是为人民服务，要为人民办实事，帮老百姓、帮企业家解决问题。现在，一些政府部门的服务积极性有待提高，这是客观原因和主观原因综合作用的结果。在其位谋其职，这就是岗位职责。工作中遇到了问题和困难，就协调各方抓紧解决，需要上级决策、别人协同的，就积极争取决策和协同，这才是正确的态度，而不是回避困难，推卸责任。

我在建议里其实也指出了现存的一些官僚主义、形式主义等问题。我们党经常讲要开拓创新、因地制宜、脚踏实地，但如果实际工作中不假思考，到不具备条件的地方执行，这明显是与党的方针相悖的。

比如“美丽乡村”建设，要先进行科学规划，然后才是建设美丽乡村。如果没进行科学规划，就到处去兴建学校、兴建基础设施等，会造成巨大的浪费。

现在，有些地方要求每个自然村或每个行政村，都要有党员活动室、文化室等，还要建文化广场，这往往会走形式主义。上级来检查的时候，就让几位老人在里面看文件，上级走后三分钟他们就全跑光了，如果这样搞，会造成多大的投资浪费？

再比如，有些地方要求污水处理工程要通到农村的家家户户，但农村有很多房子很早就没人住了，在把自来水管、排污管接过去之前，能不能算一下经济账？

经济问题，还是要用经济的手段来解决。地方创造税收和财富不容易，所以不能铺张浪费，铺张浪费是典型的官僚主义、教条主义、形式主义。

一定要做利国、利人、利他的事情

最近，我发现做长远打算的企业家比较少。在接触身边的这些朋友时，他们有的因为产权没有得到法制化的保障而忧虑，有的则是因为经济形势不好、营商环境不如意而忧虑。但我想说的是，我们要坚信我们的国家是一个依法治国的国家，法制一定会越来越健全，无论是个人的财产、权利，还是企业的产权都能够得到合法的保护，这一点很重要。尽管可能会在某个人身上、某家企业中产生这样或那样的问题，但这并不影响产权的确定，这一点也非常重要。

当然，我们的改革也需要在各个领域去创新，围绕人民满意不满意、人民期待不期待，是否符合经济规律、市场规律来进行，我相信国家一定会建设得更加富强，百姓的生活会建设得更加美好。

从这个意义上来说，我们需要审时度势、与时俱进，需要从思想观念上进行大解放、大变化，让老百姓有更大的获得感、更多的幸福感。

另外，社会管理与企业管理一样，需要奖勤罚怠，需要优胜劣汰。如果那些懒惰者、不创造价值者在过着美好的生活，而那些冒了很大风险创造价值的人过得反而不如他们，这既不符合经济规律，也不符合社会规律。

所以社会本身就是具有竞争性的，你不竞争也会有别人去竞争。从国家层面来看也是一样，我们要按照习总书记提出的“人类命运共同体”和“一带一路”倡议前进，全面建设现代化、富强、幸福的中国，去深刻理解和发现我们在各个地方、各个行业、各自企业的发展路径，不要抱怨，努力奋斗。

我希望我们的广大企业家，第一，要永远相信这个时代。因为社会都是滚滚向前的，尽管过程中可能有这样或那样的困难，有这样或那样的疑惑、烦恼，但如果坚持下来，明天可能就会变得更美好。

第二，越是困难的事情，处理和解决后就越有价值。企业家要去解决客户、百姓、社会共同的痛点和重大的问题，这就是企业的价值所在。

第三，就算目前真的遇到一些困难，企业也不能因此就投降了。企业家的本质就是要去奉献、去创造、去感恩。

当然一个家庭、一个企业，终归还是要一代一代传承下去的，我现在也在安排一些企业传承的事情。在这个过程中，我认为，做好现在、规划未来、承上启下、持续发展，是我们一代又一代企业家、一代又一代当家人义不容辞的职责和使命。

我的两个孩子，他们现在都已经在企业里或创业中实现着梦想。我相信他们能够更好地学习标杆，能够更好地提升自己，能够更好地开发资源、发挥能量，真正做一个对社会、对他人有贡献、有价值的人。

我也希望我所创办的企业，能够经久不衰，能够百年兴旺、千年传承。因为只有一个个的家庭、一个个的企业，一代又一代良好地传承下去，我们的国家才能一代一代更好地传承下去。

国是最大的家，家是最小的国，没有国哪有家，国与家完全是融为一体的。我希望我的子孙后代们牢记这一点，一定要做利国、利人、利他的事情。

附：

蒋锡培的12条建议

2018年8月10日，远东控股集团党委书记、创始人、董事局主席蒋锡培在国务院降成本减负担专项督查座谈会上发表建议。

蒋锡培表示，当前经济、金融、市场最大的问题是信心问题，最大的成本是制度成本，因此建议：

一、降税降费

1. 建议降低增值税率。将目前的三档增值税16%、10%和6%改为两档10%和5%。小规模企业，即营收在500万元及以下的，免征增值税；营收在500万—2000万元的，减半征收增值税。支持企业特别是支持制造业企业生存发展。

2. 建议将利息纳入增值税抵扣。按照现行"营改增"政策规定，企业从银行等金融机构获得的贷款融资产生的利息等融资费用相关的进项税不能抵扣，若将融资费用也纳入抵扣链条，将切实降低企业的融资成本，扶持企业发展。

3. 建议降低企业所得税。目前中国企业所得税法定税率为25%，高新技术企业为15%。在全球减税浪潮背景下，建议将企业所得税法定税率降至20%，高新技术企业降至10%。同时建议将《企业所得税法实施条例》第四十三条：企业发生的与生产经营活动有关的业务招待费支出，"按照发生额的60%扣除，但最高不得超过当年销售（营业）收入的5‰"，修改为"按照实际发生额扣除，但最高不得超过当年销售（营业）收入的5‰"，以减轻企业负担和减少征管费用，提升中国企业全球竞争力。

4. 建议取消经济合同印花税。目前10类经济合同印花税比例税率从

0.05‰—1‰不等，建议取消所有经济合同印花税。

5. 建议减轻个人所得税负。进一步提高个人所得税起征点，由目前3500元/月至少提升至7000元/月。降低个人所得税最高边际税率，提高最低边际税率，减少税档。由3%—45%七档调整为5%—30%六档，在7000元纳税起征点的基础上，0.7万—2万元的部分税率为5%；2万—4万元的部分税率为10%；4万—6万元的部分税率为15%；6万—8万元的部分税率为20%；8—10万元的部分税率为25%；10万元以上的部分税率为30%。这样使个人所得税与当前我国物价水平相适应，有利于降低企业用工成本等，更利于留住钱财和人才，提升全球竞争力。

6. 建议降低社保费率。建议养老保险、医疗保险和公积金企业承担比例分别降至15%、5%和5%。目前企业和个人的承担比例一般是：养老保险企业20%，个人8%；医疗保险企业10%，个人2%；失业保险企业1%，个人0.2%；生育保险0.8%，全由企业承担；工伤保险0.5%—1.6%，全由企业承担；公积金企业承担6%—12%。五险一金企业合计承担成本相当于员工工资的39.4%—45.4%。

二、积极支持新三板，特别是主板企业融资、并购重组

截至2018年8月7日，新三板挂牌企业11095家，A股3535家，它们是中国最具活力和潜力的企业，上市企业强，则中国经济强。

1. 建议降低新三板投资者准入门槛，从500万元下调至50万元，以激发市场活力。自2018年1月15日新三板实施市场分层、交易制度等新政以来，截至7月27日，新三板挂牌公司累计成交金额505.27亿元，但成交额较新政前未有明显提升，且不及沪市或深市单日交易额。

2. 建议取消股票质押率上限要求。中国证监会批准发布的《股票质押式回购交易及登记结算业务办法(2018年修订)》要求，股票质押率上限不得超过60%，单一证券公司、单一资管产品作为融出方接受单只A股股票质押比

例分别不得超过30%、15%，单只A股股票市场整体质押比例不超过50%。这对上市公司流动性带来巨大压力，加剧了上市公司风险，影响企业家和市场信心。

三、科学合理有序整治环境

建议允许环保不达标但没有造成重大影响或后果的企业有1—2年的整改期，而不是采取直接关门、抓人等简单粗暴的一刀切做法。

四、保护知识产权，像治理酒驾那样打假，降低企业创新发展成本

建议对于侵犯知识产权，包括商号、商标、软件著作权等，以及生产假冒伪劣产品的行为，要依法依规及时查处。同时改变市场监管方式，加强从组织生产到流通环节、现场施工及检测机构的监督检查，以促进企业自律和市场健康可持续发展。

五、修改《中华人民共和国招标投标法》

现《中华人民共和国招标投标法》第四十一条规定了中标人的投标应当符合的条件，其中第二条："能够满足招标文件的实质性要求，并且经评审的投标价格最低；但是投标价格低于成本的除外。"建议修改为："能够满足招标文件的实质性要求，并且经评审的投标价格次低，或经评审的低于平均投标价格；但是投标价格低于成本的除外。"以从根本上倡导自律诚信，避免假冒伪劣，促进高质量可持续发展。

六、进一步撤并、调整镇村行政区划

建议至少撤并1/3以上的乡镇和街道，1/2以上的村委和居委会，避免盲目投资，增加企业负担。截至2018年8月6日，中国县级行政区2000多个，乡级行政区近4万个，村委会55万多个，居委会10万多个。经济薄弱乡镇空心村等现象十分严重，要切实减轻政府和企业负担，避免官僚主义、形式主义和教条主义等导致的难以估量的巨额投入，劳民伤财。

钱金耐：新疆企业的一面旗

- “只要我不死，我就不会跑”
- 浙商的四个特征
- 对新疆有信心
- 扶贫要靠发动当地能人
- 再穷不能穷教育
- 德汇的目标

2008年1月2日，钱金耐在乌鲁木齐创建的德汇国际广场遭遇人为纵火，大火连续燃烧68个小时，将这个温州人20多年的苦心经营和3096家商户的梦想化为一片焦土。

分岔路口，钱金耐最终选择了一条少有人走的路。他没有破产自保，而是想尽办法绝处重生，承担责任，再起高楼。2009年6月，德汇火车头儿童用品大世界开业，首批1304家受灾商户迁入营业。2011年9月，德汇名品广场在原废墟上重建落成，1700多个产权投资户、使用权户获得了与火灾前同等楼层、同等面积商铺的赔偿。至此，所有受灾商户得到安置补偿，3096家受灾商户、上万个受影响家庭，没有一家因受灾走投无路，没有一家因受灾陷入破产，没有一家因善后问题而上访。

10年来累积的无数辛酸与欣慰让钱金耐心有百感，难以言传。任正非说，从泥坑里爬出来的是圣人，烧不死的鸟是凤凰。这把险些毁了钱金耐的火，让他曾堕入深渊，却也成就了他。

不管是在乌鲁木齐当地民众的口碑里，他的政商朋友圈子里，还是党报大刊的定性里，“诚信”这个标签自此与钱金耐画上等号。这笔丰厚的信用资产甚至让银行愿意主动放贷给他，他的不少员工也是因为感佩于这个南方人的诚信、执着而投奔麾下。

2018年7月29日，中央统战部副部长、全国工商联党组书记、常务副主席徐乐江在新疆调研时，专程赶赴德汇集团考察。听完德汇集团灾后重建、浴火重生的故事，这位国企领导出身的正部级高官感慨说，没有十多年前的大火，就没有今天的德汇！大火展现了德汇的责任与诚信精神，大火成就了德汇成功的事业！德汇精神是新时代民营企业要发扬的精神，值得全国民营企业学习。

让徐乐江称道的，还有德汇在当地扶贫事业上的用心投入。在德汇对口帮扶的和田市吉亚乡夏克买里村，2016 年贫困人口年均收入最低的仅为 1016 元。因为交不起生活费和交通费，1470 口人的村子只有一个高中生，4 个中专生，很多孩子穿不起鞋，在冬天冰冷刺骨的泥地上赤脚奔跑……第一次目睹这个情景被震动后，钱金耐多次带团队来到这里，送钱、送物、送思路，培育当地能人，改变当地面貌，让这个塔克拉玛干沙漠边缘贫瘠的村庄，又有了希望和生机……

53 岁的他，无疑是幸福的。他的德汇中心是当地的城市地标，还有在当地的物流城、在江苏的科技园、在上海的创投基地，正蓬勃生长，充满可能。他朋友众多，子女有为，刚得了两个孙子、两个孙女，其中一对还是龙凤胎。他从小脚受伤，30 岁坐过轮椅，在锻炼之下，如今已经不影响正常行走。笃信佛教的他，将这些都视为以往做了好事，在今日结下的善果和福报。

不论外界环境如何，他为每一次出发做足准备。他希望公司里的员工能像自己一样**有“乞丐精神”，善于学习，向遇到的每个人讨要一点思想成果**。他心态开放，对新生事物保持敏感，语文老师出身的他，正在钻研区块链和云计算、人工智能……

“三十功名尘与土，八千里路云和月”。从 1985 年来到天山脚下开始，33 年的燃情岁月已留在身后。在这片既美丽又荒芜的大地上，他筚路蓝缕以启山林，将笑与痛、泪与梦都留在了这个“第二家乡”。偶有闲暇，他会端起相机，去喀纳斯、喀什、伊犁的荒郊野外，捕捉大自然夺人心魄的宁静瞬间。他期待，有更多的能人来到这里，和他一起，在人们的心田上耕耘，播撒希望，用勤力和智慧创造人间胜景。

每一个真正的企业家都将走向远山，化身为峰。他自知，这是一种宿命，却也乐在其中。**“企业家面前的山，是翻不完的。”**钱金耐说。以下是他的自述。

“只要我不死，我就不会跑”

我和别人不太一样。我在温州属于一没学历、二没专业、三没资金的“三无产品”，又没有人脉，真的可以说是什么都没有。

我下海的时候父亲不给我钱。我当时在中雁中心学校当老师，父亲说你好好干还有机会当校长，祖上要是冒个青烟兴许还能当个市教育局的副局长，这么好的工作，又能每月赚32块6毛钱，非跑出去当个体户干吗？

但1985年、1986年的温州已经有个体商业萌芽了，我父亲跟他兄弟就已经开始办工厂了。

当时我跟父亲说了很多好话，让父亲借我一点钱，我出去闯一闯，但他不鼓励我出去。于是，我就带着全部积蓄，以及借来的钱，总共300元，坐了三天三夜的火车，来到了新疆。

氛围确实很重要。我下海时，当时我的两个“导师”已经做了七八年生意了。我们这一群“土鳖”和“九二派”不一样，那些人在机关里掌握着一些人脉资源，有基础，容易做大。

我们这批人一没专业，二没资金，三没什么关系，就是凭着一种感觉去闯市场、闯世界。那个时候温州已经很热闹了，民间经济很活跃。1985年、1986年温州与台湾的民间贸易很火，台湾的船都能开过来。耳濡目染之下，我们动作就快一些。

距离2008年那场大火也有十多年的时间了。其实刚开始更想从法律的层面来解决问题，毕竟是恐怖分子放的火，但后来的选择和我在扶贫上的态度有些相同。我必须去帮助这些人解决困难，这些商户里有很多都是我亲自带起来的，人接触久了自然就会有感情，而且如果我不承担，他们中很多人就再也爬不起来了。

我做第一个批发市场的时候，招商是我自己招的，推介会是我自己开的，这些商户签合同落单是我自己做的。我跟他们关系一直很亲近，几乎每个周末都会找三三两两的商户一起吃饭，征求他们的意见，听取他们的建议，甚至好多商业灵感都是他们给的。在苦心经营十几座批发市场的过程中，这些商户启发了我很多，这么多年我很感谢他们。

突然之间，68个小时的大火把什么都烧没了。对很多人来说，商铺是他们全部的家产，辛辛苦苦攒下的成百上千万资产一夜之间都没了。当时也想了十几个方案，找了七八个律师，全国各地来了七八十个朋友。当时也想过如果离开，政府最多把我关一年，总比苦五六年、七八年好，总之想了各种各样的方案。

后来冷静下来想了想，我不能这样抛掉他们不管。在当时的大会上，我在台上给大家鞠了三个躬后说，我不是故意的，我也是最大的受害者，只要我不死，我就不会跑，我就是砸锅卖铁也要带领你们走出困境。讲完之后我自己哭，下面三千多人也都在哭。10多分钟的发言，他们给了我7次雷鸣般的掌声。

当时这个困难面对起来真的太艰难了，现在我一般都不提那段日子，我们集团的老干部一提起来就容易掉眼泪，我们真正历经了千嘲万辱、千难万险。给我触动最大的一次是，有20多个老板要从红山顶上跳下来。因为当时他们咨询了律师，市公安局、市消防局公布的调查报告是外来人为纵火。他们知道火灾责任的法律关系后，觉得自己没救了。所以我发愿，不管自己经历多少苦难，不管自己经历多大挫折，我一定要让这些人不去跳楼，不要破产，不要老人看不起病、小孩上不起学，让他们在这个社会上可以继续风光地做生意。我也很感谢我的团队，即使在那么艰难的时刻，我的高管都没有走，尽管下面的中层、基层干部被我们的同行挖走了几百人，但就是因为我的高层没走，我才能够战胜困难。

结合企业特殊经历，我有几点感悟：

感悟一：企业家存在的价值就是不断地奋斗。用性命去拼搏，用心血去奋斗。努力到无能为力，一定要坚持到感动自己。

感悟二：金刚非坚，愿力最坚。碰到困难，要想成功突围，一定要发愿。愿力是一切成就的根本，愿力是地里头埋头苦干中生长出来的宏愿。强烈的意念，不断地坚持，希望总会到来的。

感悟三：利他心。心善一切善，多做好事，积善就像存银行一样。要多大利己，就要多大利他，利他心和利己心平衡才会幸福。把客户的利益、受灾商户的利益放在首位，把新疆的长治久安和社会利益放在首位，才有了德汇的今天。只有利他心到了一定高度，事业才可以成功。

感悟四：要点燃内心之火和精神之光。实现这一宏愿，光靠一个人是不够的，我们需要有一群抢滩登陆的勇士，需要一批攻克山头的好干部。所以我们要带头，要想办法点燃全体人员的内心之火和精神之火。

感悟五：守德业。德者汇天下、德者闯天下。恪守德业，是德汇企业文化的精神内核。在过去碰到极端困难的时候，我们还是要立正德、谋正道、修正业，依法经营，合法纳税，违法的事情坚决不做，亏心的事坚决不干！

浙商的四个特征

我觉得**浙江人的第一个特征是诚信**。跟浙江人谈生意，一般都是大事谈完小事就了了，不计较；而跟有的地方人谈生意，往往就是大事谈完了，小事还得继续计较。浙江干部其实和浙商也很像，讲究说出去的话要想尽办法做到。

假如我们自己很诚信，别人不诚信时该怎么办？我认为：

第一，要致力于得到长久的合作供应商。日本人经商会有一个很封闭的会社，往往就是社团内部的人互相合作，不让圈外的人进来，有这样的会社，一旦违约，代价很高。我觉得中国社会接下去也应该这样。

第二，对合作伙伴进行深入的调查。我们对合作伙伴都会进行深入调查，要找到对方的圈子。事前的调研很重要，特别是在一些项目的股权合作上，就跟娶老婆一样，娶了一个好太太就幸福一辈子。

但即使是这样，像我这把年纪还是经常让人家骗，被人家骗了六七千万元也有过。我这个人心态好，骗了就骗了，朋友还是要继续交。

第二个特征就是抱团。那天见到一个朋友，他说他很羡慕我们温商，碰到问题大家会一起想办法解决，他那个地方就怎么也抱不起团来。比如说，2008 年那场火灾过后，大家都觉得我完蛋了，但我的几个好朋友还敢借我 4.8 亿元，这就是浙江特殊的文化。父辈们都是这样子的，圈子里面有句话，叫考不上大学问题不大，但是信誉没了就要从圈子里出局了。我们管这种文化叫“抬轿文化”，从祖辈开始就是这样的。

第三个特征是肯吃苦。但我觉得现在光是肯吃苦是没用的。在 2018 年 6 月的浙商大会上，我做了一个发言。当时主持人在讲我们浙江人的“四千四万”精神：历经千辛万苦、说尽千言万语、走遍千山万水、想尽千方百计。我说现在的浙商再讲这个就完了，当今社会更应该关注两件事，一个是商业模式的创新，另一个是用好新的科技。

第四个特征是敢冒险。冒险也要辩证地看。因为冒险已经死掉了那么多的企业，这概率太大了。所以我说现在应该要改过来，冒险的事坚决不干，违法的事坚决不干，亏心的事坚决不干。现在企业经不起冒险，我觉得企业家精神放第一位的还是创新。

可能在过去那个年代，刚刚创业的人靠的是胆子大一点，脑子灵光一点，讨人喜欢一点，但那是30年以前干的事情。现在的浙商必须要研究新的商业模式，一个新的商业模式，很可能就会把你过去20年积累的东西全都颠覆掉。我觉得现在重点是商业模式的创新，再加上用好新的科技。

对新疆有信心

我对新疆是有信心的。虽然现在经济还欠发达，但新疆是资源大省。现在新疆社会稳定，旅游市场非常火爆。以新疆本身所拥有的丰富资源，再加上中央给的政策和现在基本稳定的社会环境，从长远来看，我相信新疆的经济是会越来越好的。

近年来，新疆非常重视优化发展环境，为企业的发展提供了许多实实在在的便利和帮助。但从实践看，新疆还有很多需要优化改进的地方。

首先，我认为新疆应树立"西部最优营商环境"的目标。新疆的地理位置比较特殊，政府应营造西部第一的营商环境，树立新疆崭新形象，才能吸引更多的人才在新疆创业。

其次，我认为还要建立服务企业的长效机制。有时候，上面出台了很多举措，下面刚开始执行时很到位，也解决了困扰企业的一些问题，但一阵风过后，企业就不知道和谁对接了，或者人员调动，或者只走形式。优化营商环境是一个长期工程，企业要不断发展，政府就要持续跟进。

党的十九大强调要激发和保护企业家精神。"春江水暖鸭先知"，企业和企业家对营商环境的感知最敏锐，也最深刻。每一次新疆营商环境的提升，我都感触很深。

德汇之所以能不断发展壮大，离不开新疆营商环境的不断改善。值得一提的是，2018 年 5 月，自治区人民政府审议通过《新疆维吾尔自治区优化提升营商环境十大行动方案》。会议指出，在开办企业、办理建设工程项目、获得水电气暖、办理不动产登记、信贷、纳税、跨境贸易和投资便利化、降成本、营商环境监测评价、强化督查考核十个方面，明确主体责任、精简审批事项、优化办事流程、压缩办理时限、提高办事效率，以此推动优化提升新疆的营商环境，促进经济社会持续健康发展。

扶贫要靠发动当地能人

无论是上海人还是广东人，他们到新疆来待个三五天、七八天还可以，但待一年他们是待不下去的。解决新疆经济发展的问题，要靠“能人经济”。

什么叫“能人经济”？就是要把一个村子里的能人扶起来，扶起一个能人能够解决 30 个家庭的问题，扶起 10 个能人 300 个家庭的问题就解决了。那如何来帮助这些能人呢？我在 6 年前想了一个办法，就是“打擂台”“搞比赛”。让村里的绣娘和手工业者参加比赛，村里比完以后乡里比，乡里比完以后县里比，县里比完以后地区比，再比到省里。这样一来，每个村里的能人就比出来了，有好多人最后都被评上了自治区工艺美术大师。

我这里有一个核桃木工艺品，就是一个维吾尔族的工艺美术大师做的。这些都是用 60 年的核桃木手工雕刻出来的，非常精美，有很大的市场潜力。

但这里的工艺美术大师和浙江的工艺美术大师收入是不一样的，浙江的黄杨木雕大师有几个资产还没过亿？就是因为他们的市场化程度高。而我们这边的工艺美术大师，他们中有很多人甚至连乌鲁木齐都没来过。现在我们能够把他们挖掘出来，但问题就在于市场化的程度还不够，他们现在生产出来的这些手工艺品只能卖给隔壁的邻居。还是拿这个核桃木雕刻来说，全手工雕刻的60年核桃木工艺品，这么精美，才2000元。如果有人能够帮助他们，把这些手工艺产品拿到更大的市场上去卖，我相信他一定能够成为全国工艺美术大师。所以说，解决新疆经济发展问题就是解决“能人经济”的问题，一个村子里能把10个能人扶起来，就有戏了。

再穷不能穷教育

我在新疆承包了一个村，前前后后去了四趟，所见所闻都是真实的。我看到过一个3岁的孩子在马路上光着脚没穿鞋，要知道那是12月份啊。那个时候我都还穿着大衣，那孩子却没穿鞋。

后来我到他们家去，发现他们家有四个孩子，但只有一双鞋。老大穿完老二穿，老二穿完老三穿，他是老四，就没鞋穿了，好像从出生到这么大就没穿过鞋。这件事对我触动特别大，我就在马路边打电话给我们的副总裁，我说你给我搞一万套衣服来。这是我们的强项，我们连夜准备，把库房里积压的衣服统统弄出来，最后我给这一户送了两箱子鞋。后来又发动了很多商户，把一万套衣服分七大卡车开进村发下去了。

还有件事就是那个村子里，只有一个高中生和4个中专生，我都不敢相信，一千多人的村啊，这正常吗？于是我把这几名毕业生叫来谈了谈，又带着这个问题去问乡长，然后又和乡里的干部开了将近三个小时的座谈会。后来我们找到了原因。村里的这些孩子初中能在乡里读，但上高中就要到和田市里，虽然上高中的学费和住宿费国家是包了的，但是有两项费用是必须掏的，一个是来回的交通费用，另一个是生活费，也就是他们吃饭的钱，但他们都掏不起。我们现在成立了一个基金，专门资助那些考上高中但掏不起来回路费和生活费的学生。

德汇的目标

企业要实现巨大的飞跃无非三点：宏伟的愿景，坚定的信念，精致的细节。我原来的人生梦想就是把受灾的3000多户带出来。我现在很欣慰，这3000多户后来没有一家上访过。前面3年是有上访的，3年过后安置赔付完毕就没有上访的了。从国内特大火灾案子来看，能处理得这么妥善的并不多。所以从这一点来说，我内心还是很欣慰的。

把这3000多个家庭安顿完，我们的脸上也有笑容了。2018年德汇万达广场开业的时候来了很多人，有一个受灾商户上台发言的时候边讲边哭，现在我们看到他们那么幸福，我们真的是发自内心的高兴。按道理，这个山翻过去了，应该就可以结束了，而且2017年，我有了两个孙子、两个孙女。

但企业家都是这样，翻过一座山还会有下一座山在等着。现在我也在翻另一座山，就是努力再往前走一步，我要让人家觉得你这个企业了不起。

和以前不同，现在我们翻这座山是有条件、有基础的。首先我们不缺钱，七八家银行对我们是绝对认可的，因为当时那么艰难的情况下，我们都没有昧掉银行一分钱。火烧完以后，第一个季度银行还贷利息的286万元，是从我太太卡上打给银行的。

我们现在坚持冒险的事不干，不能让企业倒掉。我们也成熟了，毕竟经历了那么多，团队也历练出来了，我手上几个高管都很老练，我自己也更成熟一些了，而且我们的基础也更好了。现在别人缺钱，而我们向银行借钱不发愁；别人缺客户，而我们的客户却越来越多，这就是因为在业内有了好的口碑。所以我们在打磨商业模式，不断地转型升级，把好的科技用起来。

现在我们要在新疆建设第一个超大型的智慧商圈，探索区块链技术，我们要把新的技术嫁接到这上面来，当然我的做法还是只比新疆同行快半步，因为快一步弄不好又死掉了。现在我们这个产业很好，我们有 4200 亩地的物流园，在国内有 110 条物流线，基本覆盖整个新疆，其中覆盖到周边国家的有 16 条路线。我们布这样的物流网干什么呢？新疆经济发展的核心问题是物流贵、慢、欠发达。我们要把商贸物流和互联网技术结合起来，做“一带一路”的物流，这个生意有得做。我接下来在新疆要干的就是这两件事，一个是“一带一路”的物流，一个是让新疆的好东西进入内陆市场。我对新疆未来的发展有信心。

徐爱华：日本顶级企业家为何对她跪拜称师

- 我的创业简史
- 我在日本的一场“奇遇”
- 读懂政策比等政策重要
- 企业家是和平年代的战士
- 中华儿女会实现复兴的目标

53 岁的徐爱华，就像一块璞玉，在企业家中并不引人注目，但在一场活动上，她却成了大明星。

2018 年 10 月 29 日，在雁栖湖企业家论坛上，这位来自浙江绍兴的女老板讲述了自己学习中国传统文化的体会以及在日本的一段动人经历。20 多分钟的演讲，台下的 2000 多位重量级企业家为她献上了 10 多次热烈的掌声。论坛的闭幕演讲环节，世界哲学大会主席卢卡·斯卡兰蒂诺教授在列举了一系列世界知名企业家后，特意提到徐爱华给自己的触动和启发。

“徐董事长厉害呵，把你的广告做到了全世界。”会后，有同行向她打趣。她回道：“我哪里是打我的广告，我是打我们中国企业家的广告啊。”

“我只是个普通人，中国企业家里比我优秀，比我努力，比我有格局、境界的人，不知有多少，太多了，只是外界不认识、不知道。”在后来访谈时她说。

她所在的浙江，是一方神奇的土地。在这里的街巷穿行，伴着钱塘江潮，仿佛就能听到这个国家一路前行的脚步声。在这个省，平均每 11 个人中就有一位老板，每 33 个人就拥有一家企业。我去了一家在杭州的行业巨头，老板的下属告诉我，他们创始人只在过年时休息 3 天，其他时间都在工作。而义乌的一位行业冠军，连过年那天都会去公司，干完活再回家。

在徐爱华眼里，她的这些做企业的“战友”很多都是如此。和时代一起跃进的这些年，这群人几乎没有休息日，不分工作和生活，艰难之中满怀期待，奋力向企业和产业的远大前程发起持续的冲锋，既实现了“鸡毛飞上天”式的个人命运的改写，也造就了一个大国延续数十年的经济奇迹……

从35年前的一穷二白起步，徐爱华所创立的华联集团，企业已经做到了相当的规模，她也被选为全国人大代表。但在眼下的她看来，以前的时光近乎虚度，以前的自己活得太小了。一年半前，她偶然接触了王阳明的“致良知”，心里曾有的很多困惑得到解答，并与国家、时代完成精神上的深度链接。明了此生的价值使命后，她眼前海阔天空，豁然开朗。她说，她的理想是写一本《论人类精神》，让这个世界走向爱、美与和平……

从“万山不许一溪奔”的荒唐年月，到今天蔚为壮观、无惧风雨的“大海”景观，几十年过去，已然换了人间。这其中有运势，有许多人应该被纪念，但最应该感谢与致敬的，终究是千万条溪流日夜喧腾、东流入海的热望、执念与努力……

我的创业简史

我出生在绍兴南部的山区，兄弟姐妹很多，都是农民，因为我读书不错，父亲劝我去学技术，于是我就去了上海服装学校。我想去改变命运，让家人过上好日子，读书时就是这样想的。

当时很羡慕工人有工资拿，我学技术回来，就琢磨自己办厂，问题是没钱，也不可能问家里要一分钱。所以我就招学徒（带徒弟有钱赚），办培训班，起了一个很洋气的名字——爱华时装。

当时还没有广告的概念，我写了一张告示“招收缝纫学徒工，15块包教包会”，再央求广播站，对区里几个公社的人广而告之。后来真的收了20个学员，她们是我的第一批徒弟。当时我也没钱买剪刀、尺寸版、熨斗这些工具，等学员来了，交了学费，我赶紧连夜去把这些教学工具置办齐整，就这样开班了。

带出100个徒弟以后,我留下其中6个做服装加工与设计,正式开始创业,1983年到1993年做了10年内销;1993年成为中国第一批拥有自营进出口权的企业之一;2002年开始多元化,进入商贸、投资、健康等领域。

我在日本的一场"奇遇"

35岁以后,我经常考虑一个问题:生命的意义是什么?

我原来办企业为了赚钱,2003年以后内销、外销一起做,又去干投资、房地产等,也算是别人眼中小有成就的成功人士,却没有深层地思考,我做企业到底是为了什么,我为国家作出实质性贡献了吗?

现在我非常清晰了:我哪有成功?只有一点点的成长而已。我哪有成绩?只有社会对我的一点点认同而已,我现在拥有的所谓名气、地位,那都是昙花一现。与其做做这个,做做那个,不如深耕一个产业,做到极致,真正有益于社会。

所以这35年里虚度了很多时光,因为我觉得自己原本可以做得更好。

以前我也打算退休以后,"采菊东篱下,悠然见南山",现在就不是了。因为那样你到死都不明白,你到这个世上,对社会到底有什么价值。

如果你现在问我,我会很清晰地回答你,企业家既可以做产品,又可以做中华文化的使者。

前不久,我随绍兴的企业家代表团去日本,在当地参加一场活动,其中有一项是让我分享一下中华文化,我自然当仁不让。

我跟在场的日本企业家朋友讲:

> 阳明心学的核心是爱国,这是中华文化的精髓。中国古圣先贤的核心思想是,利他就是最大的利己。越来越多的中国企业家就是按照这样

的指导思想来经营企业的。

我们国家所倡导的“人类命运共同体”就是来自“天地万物为一体”的圣贤思想。中国人、中国企业家也一直秉承“世界大同，天下一家”的世界观，我们今天来到日本，没有把日本当成外国，就把这里当成自己的家；以后你们来中国，我们也会把你们当自己人，甚至亲人与家人。

……

发言结束后，一位世界 500 强的日本企业的董事长开始称呼我为“老师”，临走前，快出大门时，他支开旁边的人，在我面前以五体投地的方式跪了下来。

我当时也没慌张，很淡定。我明白，他跪拜的是我们的圣贤——阳明先生，崇拜的是中华文化。礼尚往来，我把提包交给同行的企业家，给他深鞠一躬，当作回礼。就在那一刻，我们对这位 70 多岁高龄的日本企业家也肃然起敬，因为这代表着他的自信和勇气。

事后我回想，当时我为什么那么平静？我想，一方面是觉得让他顶礼膜拜的是中国圣贤文化，是中华文化的力量让我有这个底气接受膜拜；另一方面，因为我是中国人，是中国企业家群体的一员，中国企业家的精神世界在升华，我们应该有足够的文化自信。

读懂政策比等政策重要

我们公司规模不大，但是一直以来我心里很淡定、精神上比较放松，我基本上不会向政府争取什么特别政策，改革开放本身已经是大好的政策，你只要遵纪守法，按照市场的规律做就挺好。

当然，我也知道民营企业的地位来之不易。在办企业的 35 年中，我觉得国家对民营企业一年比一年重视，民营企业自己也很争气，对国家的贡献、对经济的影响越来越大，这是我的切身体会。

这半年，很多人跑来跟我说，现在企业看不到未来。往往几个企业家坐一起，谈话中就是这样的负能量居多。其实，我觉得党和国家领导人发展民营经济的这份心从来没变过，只是下面有一些部门，在执行的时候可能会偏一点。

另一方面，我们的精神文明和物质文明不平衡也是一个原因。20世纪八九十年代，在改革开放初期，是粗放式发展，你可以顺风顺水，胆子大点，加上肯吃苦，市场就有许多机会给你，一些问题可以在高速发展中消化掉。

现在进入新时代，市场上的打法已经不一样了，不像原来那么简单。现在是高质量发展期，你必须要有综合素质，才能把你的企业往前推。**如果企业家的思想还很老旧，他就不能理解高层的核心思想，也就不能与国家同频共振**。

2018年上半年大家都在关注去杠杆，其实2013年就开始讲“去产能、去库存、去杠杆、降成本、补短板”，但是有多少企业家听进去了？你3年前听进去，不盲目加杠杆，现在就不会被打得那么措手不及。

不说别人，我也一样，我自己也在反省。现在是**读懂政策，比等政策更重要**。现在我们国家在哪个位置，你自己在哪里，你要有清醒的认识，然后做好自己。

怎么做好自己？**一是守，二是变。守住企业做得好的，比如扎实的产品、服务；同时思维要变，不能一味用过去的经验指导未来**。

贸易战也好，去杠杆也好，我面临的困难和大家一样，但是从来没有影响我的发展信心。前不久，有个银行行长问我，怎么看待贸易战？我认为，贸易战影响最大的是人们的心理，对经济的实际影响要小一些。

从另一个角度看，贸易战对中国来讲也可以变成一件好事情，逼我们发奋图强，创新发展。我们做企业的人，往往自以为是，其实也是稀里糊涂，借这个机会恰恰能清醒过来，要明确自己的定位，明明你已经是 25 岁的人了，就不可能继续上小学吧。

中国改革开放发展到今天，我认为可以踏上新的台阶，这会给我们新的机会。人生来就有惰性，外界没有东西刺激你，你就跨越不了第二个台阶，就会被这个时代所淘汰。贸易战一来，企业家警觉了，会激发原来那股斗志。

大家往往爱惜自己的羽毛，怕现在的企业没有了，怕现在的名声没有了。但是回过头想，你原来拥有什么？哪怕到了最坏的结果，还可以推倒重来啊！

父亲对我讲过很经典的一句话，他说："爱华，现在我们农村吃得最差的人家，也比原来的大地主吃得好。"现在物质生活的充盈是我的父辈们所无法想象的。

20 世纪 90 年代我做外贸，经常出国，好几次被老外说成日本人，因为你去消费高一点的地方，他们就会这么看你。现在不一样了，我们走到美国、欧洲，坐下来谈判，他们看你的眼神，就多了一份尊重。特别是 2008 年奥运会之后，我的体会尤其深。因为现在我们的国家强大了。

企业家是和平年代的战士

对时代的发展，我一直很正面地去理解，我在一些论坛上发言，感恩这个时代，感恩现在的领导人，这不是套话，都是我的肺腑之言。

毛泽东让中国人站起来，邓小平让中国人富起来，到了现在继续韬光养晦还行吗？原来中国是一只兔子，你可以躲在草丛里韬光养晦，可是现在我们是一头大象，世界经济增量的 30%以上是中国贡献的，你在草丛里怎么躲？

站起来、富起来这两关已经过了，下一步实现民族复兴就需要企业家有更多担当。如果是战争年代，让我"堵枪眼"其实还算简单一些。和平年代不需要我们抛头颅洒热血，但企业家就是和平年代的战士，通过发展企业，做好产品和服务去更多地影响世界。

特朗普要打贸易战就由他去吧，全球化的趋势是不可逆转的。这几年特朗普上台，表面上美国经济发展了，GDP 上升了，我们国内出现一些争议，我说“NO”，恰恰是特朗普上台，为中国赢得了尊重。

我跟国外的企业家交流比较多，他们经常批评特朗普出尔反尔不讲信誉，反观中国“一带一路”的事情做起来了，“人类命运共同体”人家也理解了。

如果你用很短的眼光看，现在也许有挑战，但把时间维度拉长到十年、二十年，我认为这些坎都可以跨过去。我们一定要正视我们的国家，一定要有信心。

2018 年 11 月 5 日的首届中国国际进口博览会上，习近平总书记讲了一段话，我听了真的很感动。

“中国经济是一片大海，而不是一个小池塘。大海有风平浪静之时，也有风狂雨骤之时。没有风狂雨骤，那就不是大海了。狂风骤雨可以掀翻小池塘，但不能掀翻大海。经历了无数次狂风骤雨，大海依旧在那儿！经历了 5000 多年的艰难困苦，中国依旧在这儿！面向未来，中国将永远在这儿！”①

他把中国比喻成大海，实际上是用非常有哲学思想的体系来描述中国过去、现在与未来的地位。

父亲为我取名“爱华”，寓意热爱祖国。我后来渐渐明白，**爱国是自己的需要，不是祖国的需要。你爱不爱她，她就在那里，但是我自己需要爱国，我爱国的时候，这个国家仿佛就与我有了连接**。

尽管你是民营企业，但你调整自己的认知，把自己看成是国家的企业时，你的委屈也许会少一点。如果你不提高自己的格局，放不开胸怀，还在那里纠结，会徒生很多烦恼。

---

① 习近平：《共建创新包容的开放型世界经济：在首届中国国际进口博览会开幕式上的主旨演讲》，人民出版社 2018 年版，第 10 页。

中华儿女会实现复兴的目标

中国企业家群体的核心竞争力之一，就是不怕苦，不怕累，把工作当生活。这在国外是不可想象的。我过去几年，跟一些欧洲客户打交道，他们说去休假，就百事不管了。

正因为我们的勤劳，现在碰到的困难、问题都是前进中、发展中的问题，也可以在前进和发展中解决。尽管我们的精神文明还比物质文明滞后，但我认为，小步快走若干年以后，会慢慢补上这一课。

面向未来，我相信终有一天，中华儿女会实现民族复兴的目标。而我能想到的最浪漫的事，就是和大家一起投身其中，在祖国引领世界之时，我慢慢地老去。

附：

生命的感悟

尊敬的老师、亲爱的各位同人、线上线下的朋友们：

大家下午好！

18岁的我在花季的年龄就踏上了风雨兼程、披星戴月的创业路。我们华联集团的35年几乎是与改革开放的伟大时代同行。我们华联集团35年来得到了良好的发展，我本人在这35年里也得到了应有的社会地位与各种荣誉。

我在深深感恩这个时代的同时，心中还是会有很多的不明白、很多的困惑。我在想，我生命的价值到底在哪里？我生命的意义到底是什么？

去年3月11日，康恩贝的季强兄把我带进了致良知四合院，通过不断地学习习总书记的系列讲话、学习中华文化和阳明心学，我的心打开了，感觉自己的生命得到了前所未有的舒展和敞亮。

回想自己35年的创业经历，自认为做出了一些成绩，有了一些收获，也算是别人眼中的成功人士。但在学习过程中我慢慢明白了，自己哪有成功，只有一点点成长而已；哪有名，就只有社会对你的一点认同而已。殊不知心中还有非常多的烦恼存在。我原来有意无意中拥有的名气、名望、社会荣誉，这些都是昙花一现；我的事业也没有让子女感到骄傲。

前不久，四合院老师对生命本质的透彻解析更让我大吃一惊。我明白了，这35年还真是虚度，浪费了许多光阴。我明白了只有觉醒才会有真正的功成，才会有真正的名就，才会真正地明白生命的本质，才会有像阳明先生这样“此心光明，亦复何言”的身退。

随着自己生命的焕然一新与改变，我也带领我公司的高管、员工一起学习。并送我们的员工到北京参加四合院“总裁班”和“未来之星”的学习，他们学习之后的生命改变，也给予了我非常大的力量，我们相互砥砺。

在那一刻，我觉得原来我们的高管、我们的员工是多么的优秀，只是我原来没有给他们那么好的学习机会。通过学习，我与高管、员工形成了心与心的链接，自然而然产生了一种心灵契约。学习中他们明白了每个人都是自己生命的董事长，原来他们会想我是为谁打工？但现在明白了这是企业给他的平台，是让他施展自己才华的舞台，他们懂得了感恩企业。我们的员工原来以为祖国离自己很遥远，现在也明白了，只要跟董事长一起全力以赴做好企业，他就是在为国家作贡献，他就可以像董事长一样伟大，他也可以像战场上的英雄一样伟大。

35 年来作为董事长的我，也有高处不胜寒、每天如履薄冰的感觉。特别是面对公司重大的决策时，会觉得孤独，会觉得自己这样苦苦支撑着往前走很累。想想有多少高管、员工能读懂董事长、理解董事长？同样，作为董事长的我，又对我的高管和员工读懂了多少？但当我们的生命在相互唤醒时，我心里感觉到前所未有的温暖和踏实，自己就像站在了一块坚实的土地上。从此我不再孤独，因为我知道未来的路不再是我一个人走，是我们全体华联人会跟我心连心，坚定不移地一起往前走。我可以非常自信地告诉大家，我们华联集团走过的前 35 个年头只是打下了一个扎实的基础，在未来大国崛起的伟大时代，华联将会几倍精彩于前面的 35 年！

在前不久，我举办了绍兴致良知学习会。举办这次学习会的初衷，是我想到自己在一年多的致良知学习中，收获那么多，所以我们要感恩，要回报，要付出，要让更多企业家受益。

我是抱着这样的想法举办学习会，但是当学习会结束后，意想不到的是，收获最大的是我本人，我感到这才是我 35 年来做得最有意义、最有价值的事情。当我办完学习会的时候，很多企业家给我发来短信、打来电话表示感谢。我能体会到大家对我发自内心的那份敬重，这是我 35 年来从没有感受过的，也绝非企业大小、钱多钱少所能衡量的。包括我们的市长也发来短信，他说："这次学习会的举办为我们绍兴构筑阳明文化高地作出了不可或缺的贡献。"这样的评价、这样的认同，深深地触动了我。

还有更大的收获是，我们的高管、员工在学习会中也得到了很好的成长。我们其中一个员工讲，他说我原来在公司，只想做好自己的本职工作，怕多做多错。但在这个学习会上，他被无形的能量场卷起，他说他就想多做，多为这个学习会付出。我们有一位高管深情地讲，四合院的老师与志愿者们，他们工作到深夜的时候还是精神饱满，他们只有执行，没有抱怨，只有相信，没有怀疑，只想着把工作做得更好，这样的一份激情深深地感动着我们，也激励着我们。

我拿这些钱让员工、让高管去参加任何一个培训班，他都不可能得到这样好的成长。人生最大的价值是成就他人、建设心灵品质；人生最有意义的事情是无我利他，化育人心。

在举办绍兴学习会前夕，我随着绍兴市市长出访日本，我们这次出访是以文化交流为主，顺带经贸活动。市长知道我在学习阳明心学，有一次经贸活动中他跟我讲，等一会儿你跟他们交流一下阳明心学。我想，有这样的机会我当仁不让。

其中有位日本企业家，其所领导的企业位居行业第一，也是世界500强企业。我说我们是来自阳明先生的故乡绍兴，今天我们盛市长带着我们，是带着圣贤的思想来到日本，阳明心学的核心是爱国，这是中华文化的精髓。现在习总书记倡导的"人类命运共同体"，就是对"阳明心学"的天地万物为一体的圣贤思想的发扬光大。我们中国人、我们中国的企业家，一直秉承着、践行着世界大同、天下一家这样的世界观。我们来到日本，我们把日本当自己的家，未来你们日本的企业家到了我们中国，我们也会把你们当成自己人。

阳明心学是一门实修实证的哲学，它与你们日本的经营之圣稻盛和夫讲的"敬天爱人"是一样的，我们中国企业家也在学习。我们中国的企业家、绍兴的企业家，现在是本着利他就是利己、共享就是共赢这种理念在跟你们合作，未来你们日本的企业家可以放心大胆地跟我们中国的企业家、绍兴的企业家合作，这样我们双方都能有更好的机遇，也会有更大的发展。

当我讲到这里的时候，这位70多岁的企业家，他就一直盯着我看，叫我老师，我感觉得到他骨子里那份对我的尊重。我想，这个时候他肯定是被我讲的阳明心学精神感动到了。但让我意想不到的是，当我们活动结束以后，走出门口的时候，他支开旁边的人，站在我面前，一边叫着“老师”，一边五体投地地跪了下来。在那一刻，我心里很平静，也很从容，我想他跪的是我们中华圣贤阳明先生。当然，这个时候我也把包递给了身边的人，我让翻译请他起来，回了他一个礼，但在那一刻，我感受到这位日本企业家的勇气与自信。正因为有这份勇气和自信，这位日本企业家才能行此大礼，这也让人对他肃然起敬。

我也觉得，这位日本企业家原先把我们中国企业家可能想得不会那么好，这个时候深深地激发出了他对我们的尊重，也让他重新认识了我们中国企业家。事后我在想我为何如此平静镇定，因为我是中国人民，是中国企业家。我想，那一刻我们中国的企业家在他心里就站起来了！这就是我们中华民族文化的力量。中华圣贤文化不但是中国的也是世界的。不但我们中国企业家需要，它也是世界企业家的渴望。

在那一刻，**我确信中华民族的伟大复兴必将是我们这一代人的成就**。亲爱的各位同人、线上线下的朋友们，我们生逢这个盛世，深深感恩这个时代。在这风起云涌、催人奋进的伟大时代，光明的未来已经来临。面对未来的人生，我能想到最浪漫的事，就是和你一起投身其中，人民都过上了向往的美好生活，我们伟大的祖国已重回世界舞台的中央，引领着整个世界，人类命运共同体的阳光普照着这个世界。

我，在这样唯美的画面中，慢慢地、慢慢地老去。我深深地爱着自己的祖国，我们的祖国也许现在有这样、那样的问题，但是我们要相信我们的国家只会越挫越勇越强盛。因为我们是勤劳勇敢的中华儿女。因为我们现在面临的是前进中的困难，我们强大起来了，有人焦虑了、不安了，因而给我们带来了挑战。我们要有足够的自信，因为我们有时代的阳光，我们有圣贤的甘露，我们有中华五千年源远流长、生生不息的文化呵护。

我今天站在台上，最想跟大家分享的生命感悟是：建设祖国，我的需要；民族复兴，我的责任！

谢谢大家！

2018 年 10 月 29 日

（在雁栖湖企业论坛上的演讲）

陈功：中国最终会走向大海

- 人类的方向还是“全球融合”
- 抛开企业家去谈经济，那不是假大空吗？
- 产业政策是否有效，要区分来看
- 扶贫要有实效，关键是两点

与安邦保险同名但却更早创立的安邦咨询，每年的收入只是前者巨量营收的一个零头。但回头来看，它的路自有其执着与精彩，更重要的是，这条路可以一直走下去。

1993年，经济学者陈功创办了这家机构。此后的数年间，这家咨询公司帮助众多地方政府机构和市场主体看清形势、作出决策，成为重要的民间智囊。而在这些年里，陈功也从未停歇，他思考、写作、游历天下，走过50多个国家近400个城市，持续地观察、分析、判断他眼前这个喧嚣嘈杂而又多彩的世界。

这么多年过去了，世界上发生了很多变化，他对一些现象不无失望：理性的人依然是少数，一些珍贵的意见未能得到重视，人们总在犯重复的错误……但他毕竟抱有期待，百川东流终入海，一个融合共生的大同世界终会到来。

他的心境，宋人刘克庄的词句大概可以描述：老眼平生空四海，赖有高楼百尺。少年自负凌云笔，书生白发神州泪。

人类的方向还是“全球融合”

我很早就喜欢到世界各地转，有人给我算命说我是四方命。我属鼠，说属鼠的人要不停地搬家，不停地跑来跑去，有时候想想，人家说的也挺准。后

来我对自己进行了反思，发现我还真不是为了看漂亮的风光而跑来跑去，我在理念上跟别人不太一样。我是一个追求全球融合的人，很渴望看到这个世界逐渐走向融合，回避竞争、冲突以及战争。这些不会带给人们什么好东西，一定是灾难、悲伤和家破人亡。

当你看的东西越美好，你就越渴望保留它。世界文化遗产就是这么形成的，它就是为了告诉大家其中的价值才被保留下来。我们为什么要用对抗、战争以及各种各样暴力的手段摧毁这一切呢？大家要搁置一些冲突，放弃一些利益，追求一些共同的理念，走向一种融合，这才是一个值得追求的事情。如果没有一个全局性、世界性的概念，不走向全球的、世界的融合，可能会导致一些冲突越来越厉害。

我认为全球融合不是遥不可及的，差异和问题可以在一定程度上搁置下来。战与和是永恒的话题，在这永恒的话题背后，我们对全球融合是抗拒的，还是认可、支持的，这才是最为关键的。

从世界各地的角度来对比的话，很有意思，彼此的隔阂相当明显。20世纪我在世界各地转的时候，发现世界主流的电视频道比如CNN、德意志电视台或者其他媒体，基本上不会报道中国的事情，也不提“中国”两个字，中国在哪儿很多人都不知道。有一次我在德国莱茵河谷的一个小镇里遇到一位老先生，他问我是哪里人，我说我是中国人，没想到这老先生还真知道中国。他就跟我打听：你们毛泽东同志现在身体如何？邓小平同志都去世了，他还在问毛泽东同志身体如何。这就是那个年代的欧洲，他们对中国的了解非常有限。

中国是不是就像自己想象的那样，对国外、对这个世界了解得很清楚呢？我觉得也不是。去过美国的很多中国人说，美国基础设施建设得太糟糕了，马路上坑坑洼洼，还不如我们镇里的公路修得好。这种观点是现在经常听到的，它体现的是我们缺乏一个历史观。他们不知道美国的高速公路体系、道路基础设施是19世纪修建的，也就是我们民国那个时候，人家已经把这些基础设施都建完了。

只有在历史的轴线上去加强了解，才能突破这种(互相误解的)隔阂。看着好像我们已经了解了对方，实际上还有很多不了解的东西。所以，在看待全球融合问题上，我们的假定条件很多时候是错的、不准确的，它把我们自己前进的步伐限制住了，我们被吓住了，认为好像这个不可能，那个也不可能。于是我们维持原样，拼个你死我活，最后两败俱伤，那还谈什么未来？如果世界各国都是这种样子，就没有什么希望了，更不用谈梦想了。

各国之间价值观的沟壑，有些时候是(因为)和全球融合背道而驰，在做非融合的事情，而不是在推进全球融合。

我为了推进全球融合奔走呼号了大半辈子，目的就是希望这个世界能够太太平平，我们有一个和平稳定的发展环境。可是这个社会有太多的人为了一己私利，去强调对抗，扩大矛盾，强调竞争，在这种情况下，能够得到的只是灾难。

价值观是怎么产生的？价值观并非根源，简单点看这个问题，价值观其实是文明的一个结果，文明才是最重要的。在社会发展和经济发展的过程当中，我们忽视了社会文明的缔造和建设，这才是我们真正的大问题，而在这种情况之下，我们的发展成果是无法为外部世界所理解的，(从西方的角度，)你的繁荣就只能证明竞争对手的实力强大。

如果我们的文明程度进一步提升，没有报纸上看到的、互联网上见到的那些不可思议的事情，像老人摔倒了没人敢扶、毒奶粉、假疫苗……那么我们的发展成果怎么可能不被别人接受呢？

价值观是在文明中产生的，受制于文明程度，有什么样的文明程度就有什么样的价值观，把逻辑关系理顺了之后，再去谈价值观问题，就非常清楚了。片面地谈价值观，画一条线，像下象棋似的，江河一隔，那边你的，这边我

的，太幼稚了。

抛开企业家去谈经济，那不是假大空吗？

中国有很多国际化程度非常高的企业，也有很多高瞻远瞩的企业家，像曹德旺、任正非、李书福等。对于中国企业在未来的地位和影响，他们会有自己的一个判断。

比较理性、受过严谨逻辑训练的人以及知识含量比较高、有独立判断的人士，他们会注意到**经济在微观层面是由企业家在操作，他们决定自己的企业怎么去做，决定自己的利润，决定自己的产品，决定自己的客户**。经济是一种看得见摸得着的，由一个个企业单位在动态运转中构成的实体。所以，我觉得应该**尊重企业家的判断力，应该尊重企业家对未来及当下的各种各样的认识**。

目前，在有些地方企业家还没有得到一种充分的尊重，甚至出现了一种趋势，就是有些地方政府强调对企业家的领导，这并非是建立在客观基础之上的为经济规律所包容的一种自信。**如果尊重经济规律、尊重社会发展规律、尊重历史，就应该尊重企业家这个主角**。**抛开了企业家去谈经济，那不是假大空吗？**一些地方出现的实体经济衰落、经济萧条等现象，很多情况下就是因为不尊重企业家。

为了解决出现的这些经济问题，也有很多经济学家跟着官员一起挖空心思去想，提出了很多概念和口号，但是都得不到一个非常好的结果，这是因为这些概念与现实脱节了。企业家们在想什么，他们在讨论什么，他们关心的是什么问题……没有充分了解企业家，没有在尊重企业家的前提下去谈经济，拍脑袋想出的那些概念和口号当然是跟现实脱节的。

一些地方营商环境（过去我们叫投资环境）有所改变，这是真实的，起码当地企业家不用再考虑怎么去贿赂官员，风气清正了很多。无论是投资环境，还是营商环境，现在的情况和过去是不一样的。我们可以从历史的脉络上，沿着一种逻辑来看看投资环境和营商环境的改变过程。

改革开放之初的营商环境和投资环境用一个字就可以形容，那就是“放”，政府鼓励大家放手干。那时候出现很多创业现象，譬如政府机构里出来的人非常多，像我也是在政府部门里工作了十几年，离开时放下一切，一分钱的赔偿都没拿到，还主动交了一套两居室的房子，不惜一切代价走出来。可想而知，一个“放”字所带来的营商环境的巨大改变，创造了一种全民创业的热情，这是改革开放之初我对营商环境和投资环境的形容。

第二阶段，用一个字来形容就是“洋”。这个阶段中国经济增长已经达到了一定水平，随着中新苏州工业园的出现，慢慢各地都开始了园区建设，开始吸引外资。于是大量港资、台资及外资进入，先来到了苏州，进而到了上海、北京。逐渐看到了很多知名企业，而且越来越大，品牌越来越厉害。一开始是引进港台企业就算厉害了，开的条件很好，后来只有引进世界500强才算比较厉害的。

这个阶段各地政府眼睛盯得更多的是外资、外商，都在尽力创造符合他们要求的、符合他们条件的投资环境。至于在投资环境和营商环境的改造和提升过程当中，是不是造成了负面的影响，挫伤了中国民营企业的积极性，给他们造成了新的障碍，没有过多计较和考虑，一切都围绕着“洋”字去做，追寻的是这个。甚至出现一些强制民营企业腾土地，腾出一些资源，让给外商的情况。

第三阶段，就是“政”或者也可以说是“地”了。因为投资环境、营商环境服务的主角，从前面的“放”和“洋”变成土地经济、土地财政了，要搞房地产了，地税最关键，一切资源都围绕着“地”转，围绕着财政收入、土地出让金转。

这个阶段的投资环境和营商环境实际上就变得比较糟糕了，产业都不是最重要的。很多地方实际的情况是“腾笼换鸟”后，鸟是腾出去了，而地是干房地产了，干基础设施建设了，并没有置换成新的产业。这一阶段也出现了高科技、互联网企业，它们和“腾笼换鸟”换出的地，都没有太大关系。

不是说没有民营企业，也不是说没有制造业和实体经济，都有，但哪个都发展不好，关键因素就是成本很高。在“地”这个阶段，“地”的成本势必会推高企业的经营成本。但当时的估计是认为毫不影响，谁都不在乎这个问题。当时普遍的认识是增长无极限，都认为房地产可以持续运作和增长。谁要谈这个问题别人还说你没见识、太夸张，劈头盖脸就是一顿猛批。

第四阶段也就是现在的阶段。因为债务等方面的问题，现在房地产的发展实际上也没有办法持续下去了。在目前这一阶段，我们的投资环境和营商环境实际上是虚位以待的，我们想去改造投资环境和营商环境，改造成什么样子才叫好？我们连主角都没有确定，主角是谁？这是一个很大的问题。

房地产美丽的泡沫破灭之后，我们就面临着一个没有产业主角，只有高成本的状态。我们能让成本下降吗？成本下降以后，资本能接受吗？资本如果接受不了，那资本的泡沫就会破裂，带来严重的金融危机和产业危机，而这些危机一旦产生，就会带来经济的动荡，很多问题也会随之而来。把背后的逻辑梳理好，我们就知道现在问题的范围、程度和性质已经超越了营商环境和投资环境的改变。

产业政策是否有效，要区分来看

产业政策对新兴产业的驱动有用还是没用不是一概而论的，它在有些领域没用，但在另外一些领域可能就是有用的。

有一些领域就是要倾举国之力，比如说发射火箭，你说在 20 世纪 60—80 年代，哪个企业会干这种事？没人干，但它有很大的发展前景，所以就需要国家来干。再比如说基础生物医药，它的研制关系到十几亿人的健康和未来，但这种基础理论研究是不产生回报的，既然没有回报，那这些基础理论研究谁来干？这也需要国家的力量去做。所以，在这些系统上，产业政策是发挥作用的。

如果从效率上来看，很多自由竞争又确实会锻炼一个企业加速成长，从这个角度来看，产业政策又是没用的，所以你得看产业的门类和部门是什么属性的，什么样的事情应该由什么样的部门去做。

此外，因为技术变化，产业政策发挥作用的领域也有所变化。譬如，火箭的技术现在已经不神秘了，这个不神秘使得马斯克可以去做，这是因为技术的演变。火箭技术从一个高深的、非常人所能企及的，甚至连科学家是谁都隐姓埋名不知道的状态，变成了一个常识性的东西。

举个例子，你相信不相信，你自己能做原子弹？听起来你会觉得这是不可思议的，那是因为你对原子弹知识的了解过去是受限的，所以你会觉得很神秘。20世纪末，我写过一本书叫《分析的艺术》，里面举过一个例子，当时我写那本书的年代，美国高中生就可以组装原子弹了，因为它的信息已经变得非常透明了。材料采购和制作都不是神秘的状态了，何况现在？随着这些改变的出现，火箭技术已经从一个高精尖的产业走向了普遍化，实际上已经不需要倾举国之力去做了，这是一个产业上的改变。

总而言之，产业政策实际上是有用和没用同时存在的，不能大而化之。

扶贫要有实效，关键是两点

在强调扶贫之前美丽乡村的建设已经进行很长时间了，粉刷一下墙、窗户，换一下房顶的铁皮，北方蓝色居多，南方红色居多，把屋顶弄得很漂亮，美丽乡村就有了。但是扶贫涉及一个大问题，什么才是扶贫和乡村振兴的核心？一定要搞清楚这个，这个是标准。

如果我们把核心、原则定在活化产业和经济，改善人民生活，如果是以这个为核心，那扶贫难度就增大了。一个活化、一个保护，这是乡村问题核心里面的核心，是重中之重。保护是保护环境，活化是活化经济。先说说活化，一个人走向了富裕，如果他所做的生意不能活化，产业不能活化，那还是瞎掰。如果只是发钱，最后把钱都花完了，生活又返贫，这就是一个授之以鱼的问题。再说说保护，生态环境这么恶劣，乡村如果按城市的做法去做，那就完了。城市里面所产生的各种各样环境问题，如果带到乡村里面，就把中国人未来的根基都动摇了，所以环境保护是至关重要的。

一个活化、一个保护，在乡村振兴和扶贫中，这两个问题的解决基本上没有套路可循，每个村的情况都是不一样的，每个镇的情况也是不一样的。乡村不像城市会有一些共同的东西，比如水暖电气热、土地的价格、运营管理等，在这些方面城市会有一定的共同套路去参照、去比较。而乡村的区域比较狭小，矛盾比较突出，每个村资源禀赋都不一样。山这边的村子能晒到太阳，山那边的就晒不到太阳。这个村子有水，那个村子就没有水。在这种差异非常大的情况下，如何发展，如何振兴？这是一个具有很大挑战性的问题，绝对不是轻而易举就能解决的。

如果寄望于批量生产，3 年就完成任务，我认为这是很难的。如果说以活化和保护为标准、为原则、为核心，那乡村振兴、扶贫任务的难度将是非常大的，涉及很多高难度的解决方案，需要企业家、经济学家、战略学者等社会各界的人士大规模介入并与政府合作，才有可能实现。

企业是从设计师的专业、产品的领域等小口径方向出发的，从一个小口径的方向出发去解决大口径的问题是不可能的。大口径指的就是大系统，只有能够进行战略研究、策略研究的机构才能提供一个解决方案，而不单单是一种设计方案。

设计方案能解决什么问题？解决房子的问题，解决漂亮与否的问题，解决景观的问题。企业有钱，最多解决的是投资的问题，但这与活化和保护还相差甚远。解决方案是要求解决活化和保护的问题，能够持续运作，能够产生客观效果。英国的国王十字街车站就是一个非常好的例子。国王十字街车站之所以有名就在于它是在市政府当局为主导的基础上，把建筑师、社会学家、经济学家、政府官员和当地社区居民融合在一起，变成了一个团队，这个团队共同做出了一个解决方案，而不是一个设计方案。

我觉得这是我们今后要汲取的非常重要的经验和教训。

聂云宸：为何年轻人喜欢喜茶到疯狂？

- 喜茶的核心是产品
- 要做喜茶第一，而不是星巴克第二
- 从卖手机开始创业之路
- 从皇茶到喜茶的商标之痛

这个南国少年正在舆论的风潮里载浮载沉。

在见到他之前，我至少听过3个朋友推荐他的产品。在深圳和广州，他开的店铺成为当地的一种现象，一种流行文化，很多人为了喝他店里的一杯茶，常常排队一个小时以上。见他的当天，我们遇到一位餐饮自媒体人兼投资者，提前两小时守候在约定地点，说要向“小聂”学习。而“小聂”自己也发现，之前他在微博上所关注、倾慕的一些大咖，现在突然开始评论起自己创立的这个品牌……

另一方面，每天他的手机屏幕上，都会跳出一些指责和批评。他们说，喜茶味道不好，喜茶雇人排队，喜茶很快会遇到问题，喜茶火不了多久……

站在风暴的中心，这个年轻人保持着骄傲和镇定，却也能让人感知到他的压力和紧张。和我们合完影，他才发现刚才自己的表情过于严肃。我们又照了一次，他做出努力而克制的笑容。送我们出门时，他又恢复了略显严肃的表情。

他本不想回应网络上的一些声音，但还是跟我们聊了自己的想法、蓝图及过往。在这个笃信乔布斯的年轻人心中，回应质疑这件事一点儿都“不好玩，不酷”。他相信，时间站在自己这一边，和乔布斯一样，他的产品、审美和理念，会逐渐让那些怀疑他的人闭嘴。

最初创业，他卖手机。有一天，他发现这一行走不下去了，而很多街边茶饮店里的饮料没有一点茶，只是用些奶盖粉再加些“鬼东西”冲兑一下，就顾客盈门。他觉得，自己可以做出不一样的、更好的、用户更喜欢的茶饮，说不定能改变这个行业。

不服跟不甘，让他出发了。喜茶现在火了，他觉得这是自己努力的自然回报，并不意外。而他能走多远？没有人知道。

不管怎样，他有的是时间，“世界仍然是一个在温柔地等待着我成熟的果园”。

他叫聂云宸，喜茶创始人，21岁进入茶饮行业创业。

喜茶的核心是产品

前段时间有公众号文章说，茶饮的研发动力主要在台湾，喜茶是台湾大师帮助调整的配方。台湾茶饮行业的确有很多值得学习的地方，我们也和一些台湾厂商有合作，也有来自台湾的研发助理，他们都很优秀，但这不表示我们的产品就是依赖他们研发的。

喜茶是我们自己研究出来的，包括茶叶的拼配，包括去跟茶农、茶工沟通改造他们的生产工艺，这些都是我们自己努力探索研发出来的，背后没有台湾的大师。

这个就像是一万小时定律，你开头是没有方向的，是一个外行。决定了做这个茶，然后才去研究。**任何事情只要花时间研究，总会有方向的。不然的话，人类社会就不会进步了，只能靠继承，不会有创新。**

喜茶最核心的竞争力是产品。消费者其实没有那么复杂，年轻的消费者主要喜欢的还是我们的产品。

一直以来，尤其在陌生的地方，都有人说我们找人排队，这是完全没有的事。这是一个事实，不是那种可以探讨的问题。我们从创业到现在5年，从来没有找人排队。我也不觉得这个模式可以操作。如果只需要找个公司、找些人排队就能成就一个品牌，那太简单了，每个人都可以做，每个店的生意都可以很好。这种说法其实是把商业变成一种标准化的事情。

而所谓的搞"饥饿营销"更不是事实。我们公司到现在连市场部、营销部都没有，只有策划部，策划部负责公众号的文章。我们的公众号是没有营销属性的，如果你关注了我们的公众号，可以发现整个的文章风格，包括里面的文字大小、文章的排版方式，都是那种不容易引爆、不容易被传播，没有煽动性的。我们从来不用感叹号，从来不用大标题，而且从来不在文章里加优惠活动，它是刻意地去营销化。包括装修，我们的装修是一种很冷淡的风格。

因为我们的产品是有爆发力的，很容易让人排队，所以在产品以外的所有环节，无论是线上的形象，还是线下的门店，都是一种冷淡系，不会故意搞一些所谓的自拍点制造热闹。我们希望自己的整体风格是平衡的，跟我们的产品做一些结合，用我们的产品本身作为营销点。

我们的产品具有首创性，行业之前没有这个东西。在我们之前，只有奶盖厂，工厂生产的奶盖先不说口味好不好，最重要的是它没有加芝士，全部是用奶盖粉调制的。而我们这个芝士茶系列，是市面上第一个不用粉末而是芝士实打实做出来的，这也是我们研发的起点。

虽然使用粉末是合法的，但我不想用。为什么大家要把粉末吃进肚子里？奶茶行业很多商家喜欢用粉来调制奶茶，奶盖有奶盖粉，水果用果粉，什么乱七八糟的粉都有。这东西是不好的，我自己作为消费者，不想把它吃进肚子里。

不用粉末，用实打实的原料，这个是我们真正的出发点。至于它的口味好，跟茶完美搭配，那都是后面的锦上添花了。所以这个芝士奶盖是我们首创的，它就是起源于我们公司。它的营销属性也真的很强，不说所有人喜欢，至少有一部分年轻消费者是真的喜欢我们这个产品，追到了很疯狂的地步。

我们进入一个陌生的地方，靠的也就是这种口碑传播。

举个例子，我在江门有总店，当初开分店时直接跳去中山市区开。这个店一开始没生意，一点生意都没有。后来我们重新规划，选取了中山市下面的小榄镇来开店。一是因为小榄镇的人消费力很强，在中山算是非常有钱的；二是小榄镇就在江门旁边，已经有一小部分小榄人喝过我们的茶。这样就产生了迁移效应，就像我刚才说的，那一小部分喝过我们茶的忠实粉丝，他们会很疯狂地跟朋友宣传，就像水军一样，自费的水军，所以整个小榄就引爆了。小榄引爆了之后，这些小榄人有中山市区的亲戚、朋友、同学之类，又产生了一个迁移效应，于是我们中山市区那个已经开了两年、生意一直很差的店，生意突然就变好了。

口碑是这样传播和迁移的。从小榄，我们又拓展到顺德，因为顺德就在小榄旁边，开车只要十分钟，再从顺德拓展到佛山，从佛山再到广州，是这样一步一步发展扩张的。我们到了深圳之后，计划去上海，因为很多上海人会来深圳，在深圳喝过我们的茶。如果跨过深圳直接去上海，那肯定是不行的。很多人觉得奇怪，为什么这个新开的店，一开张就有人排队，认为肯定是假的，是雇用了人来排队。这是因为他不是曾经接触过我们的那一部分人，他不知道背后的这个逻辑。

我们的客户定位是 20 岁到 30 岁的白领阶层，尤其是 20 岁到 25 岁的年轻白领。网上那些发表评论的，很多都不属于这个群体，又非要去排队尝试，排几个小时，肯定会有不满，他不能理解年轻消费者的那种爱好和心态。

我基本没有回应那些抹黑或辱骂我们的。可能是年纪的问题，没有那么强的心理素质，每天看到那些黑我们的文章，会气得晚上都睡不着觉。但生气归生气，回应就不酷了。作为一个年轻创业者，我没有他们想得那么复杂。

我有自己做人的标准，我觉得做人应该酷一点，像乔布斯那样，我觉得他活得很酷。有些人喜欢他，是因为他成功，我喜欢他，是因为他真的很酷。我们做的这个事情，其实是很渺小的，相对于苹果来说，也没那么有意义。**但我希望，即使做这样一个行业，也可以做出苹果公司的那种感觉来，至少在我们的内心，我们一直是以他为榜样的**。

要做喜茶第一，而不是星巴克第二

喜茶店里的广告都是我自己做的。创业是逼出来的，找不到设计师，只能自己做。我们在江门，哪里有设计师。直到现在，虽然我们已经有完整的开发部，从麦当劳挖过来的人，但依然是按照我当初总结的选址定律做发展延伸。广告和店面设计直到现在都还是我自己把控，譬如店里的菜单，是我自己用电脑做的。

我们总结了一整套的理念，在国内来说，又酷，又有灵感，还有诚意，应该算是比较成熟的。我们希望它是一种和星巴克完全不一样的风格。我觉得很多人没有资格评判我们，我们的企业在这方面是绝对没有模仿任何店的，我们希望走自己的道路。从谦虚的角度来说，我们从来没有公开提过要对战星巴克。

星巴克是一个成熟的企业，有很多值得学习的地方，我们不可能狂妄自大地说，我们现在就是“中国星巴克”。但是，从傲气的角度来说，**我们为什么要做成星巴克？说不定我们可以做得比星巴克更好**。

中国经济在发展，中国一定会出自己的品牌。但为什么中国出的品牌就要比美国品牌低一级？为什么就一定是美国有什么，中国接下来有什么？**我们不要做星巴克第二，要做喜茶第一**，我在内部会这样去讲。

这里有谦虚，也有傲气。为什么要按照星巴克的风格打造？星巴克是工业风，它是咖啡文化，我们说不定可以摸索出一种茶饮年轻化的风格。它应该有一种禅意在里面，有激发灵感的感觉在里面，它是现代主义，它不需要用中国风的方式来表达。这就好像日本设计，日本的设计一般都很现代主义，它不像中国那样，一定要搞一些所谓的中国元素。它很日本，但不会用所谓的日本元素来表达。

我们中国设计有一个问题，就是很喜欢用元素代替灵魂。比如说起中国风，就离不开红色、唐装这样的代入，但我认为这些都只是表面元素，本质不在这里。

我最早的想法是希望给茶一个功能性的标签。咖啡大家都知道，除了好喝，还有提神这样一个功能。茶的功能在哪里？我一直在思考这个问题。如果说提神，它肯定不如咖啡。

后来我觉得回归到古代，那些诗人其实是把茶跟酒当作激发写作灵感的一个重要工具，中国古代的诗词里，茶和酒是两个重要意象。所以我们希望提炼出一个关于灵感的概念，这个也可以回归到我们早期比较肤浅的时候，一直在向消费者灌输的东西，即我们是原创的，我们是芝士喜茶的首创者，别人都是抄袭。后来我觉得这种灌输很无效，消费者需要的是共鸣，尤其是年轻消费者。现在我们传递的是激发灵感、创造灵感这种概念，喜茶就是一个灵感的产物。

我们就是这样一点点摸索，后来有更多的延伸。灵感本身也是一种很酷的东西，它可以跟其他的理念结合到一起。这些都是长期摸索出来的，而不是为了做成几个标语。如果我只是简单地做个标语，诸如“芝士喜茶的首创者”“更好喝的茶，用心做好茶”，这些其实都很肤浅。**我们希望可以提炼出更具文化性、更有共鸣性和永恒性的那种东西，而不只是传播性**。

喜茶现在有50家店了（2017年），计划再开50家。在营业额上，我们没有专门规划过。其实我们的营业额很高，单店最高可以做到300万元一个月。

我们门店做饮料、处理购买的速度很快，比星巴克要快很多。如果速度不够快，就做不了这么高的营业额。其实排队对营业额的帮助不大，这家店就算不排队，只要一直陆续有人买，它最后跟一直在排队的店营业额是一模一样的。

我们最高的单店营业额出在广州一家店，它一天可以做 10 万元流水，相当于 5000 杯喜茶。一天做 5000 杯，这个数字在行业里绝对是第一名，没有人可以做到，星巴克也做不到。其实我们现在每个月做 100 万元的店已经很少了，大部分都是两三百万元。

我们也很早就开始做空间升级，而不像一些文章说的刚刚开始。我们 2013 年就开始做大店了，2014 年之后再也没有开过一家小店。我们所有的店都是 100 到 200 平方米，标准店是 100 平方米以上。最大的广州那家店，有三层楼，2000 多平方米，是一个旗舰店。三楼是个艺术空间，做一些摄影展，包括本地作家的新书发售等。它已经融入了当地的生活，这是很有意义的一件事。

从卖手机开始创业之路

我是江西人，在我读初中的时候，我们全家搬到江门，广东带给我的文化冲击还是很大的。我非常喜欢广东，广东文化带给我的改变很大。我是闲不住的，从高中开始就想创业了。我家并没有创业基因，我的父母都是监理工程师，做事很认真，很谨慎。创业是我天生的一种本能。

我当年卖智能手机，也是受了乔布斯的影响。那是 2010 年，我 19 岁的时候。当时智能手机刚刚兴起，很多人不会用，安卓机就要刷机，普通机就要越狱。那些做智能手机的靠这个收很多钱，越狱要收 200 元，但这个东西其实是没有成本的。

当时我作为一个新手，不是很会选址，新店快要开的时候，我很担心，那个地方位置很偏僻，我感觉开了之后一定没有生意。后来我就决定，我们店无论是越狱还是刷机，还是装软件，都全部免费，而且不是在我们店里购买的手机也免费。

为什么要这样做？当初的想法，顾客还没有认识我们，没有在我们这里买手机，这不是他的错，是我们的错，我们没有让他知道我们。现在他来这里得到免费服务了，说不定以后就有机会成为我们的客户。

我想得很开，全部免费。不过这么做是需要心理素质的，就算当时都想好了，你每天看到那么多来的人都是不给钱的，还是会有心理压力。而且还会有一种情况，有种人知道你是免费服务，他去香港买几部手机，直接把新手机放在你这，让你帮他弄，态度也不好。还会有同行，他修不了的手机，假装是顾客，拿过来让你帮他弄。

我们明知道这些人，这种情况，还是一视同仁地帮他们处理。最后这个事情也告诉我一个道理，就是很多事情，包括创业，它需要随机应变，很多事不是你可以预料的。

后来回想，如果没有做这个免费服务，说不定这个店就倒闭了，因为它的位置真的很差。做了免费服务之后，并不像我们预想的，靠卖手机把生意做起来，而是意外地变成了卖配件的店。以前店里根本没有配件，只是卖手机，后来天天有免费服务，大部分人还是会有点内疚，或者有一点不好意思。有的人就说，你有没有手机壳，或者外接充电器、车充这些。很多顾客这样问了之后，我就去拿货，拿完货这些人就会买。

后来我发现，卖配件比卖手机要好：第一是没有那么麻烦的售后。第二是消费频次高。有的人每次来都换一个手机壳，只要你有新款；而手机的购买频率其实是很低的。第三是毛利率高很多。我们以前卖手机，卖5000元一部，每部才赚一两百元；配件虽然可能一个只卖50元、40元，但有50%的毛利率。所以最后我们店能够盈利，全都靠的是配件，手机卖得还是很少。

这也是一种意外。

当时开的这个手机店是很小的，两年就开了一家分店，赚了一点点钱，但它是一个起点，让我学到了很多东西。现在手机店早就关掉了，如果没有精力去打理它，就不应该再开了。

从皇茶到喜茶的商标之痛

每次开店，我想的都不是只开一家店。就像开手机店，现在虽然听起来可能有些可笑，但我当初的想法是希望它可以做成国美那样，可以掌控渠道，然后逆向地去压低厂商价格。但是我后来发现，这是不可能的。在智能手机行业，不会重演这个事情。

进入茶饮行业之前，我分析了很多行业，最后发现这个行业相对比较好做，它有切入点，有广泛的消费群体，挺“刚需”、挺“高频”的。它能够形成排队这种现象，也跟这两点脱不开关系。茶饮这个品类，就算没有喜茶，市场也很大。有些其实做得很烂的奶茶店，时不时门前也会排队。我们只不过是用更好的产品，把他们的生意给抢过来了，所以就有了一个夸张的效果。

这个市场是一直在的，它不是生造出来的，这也是当初我比较看好这个行业的原因。当然这是个综合因素，包括它前期投入不大，如果说它一开始要投入 100 万元，我肯定投不起。我们第一家店当初就花了十几二十万元，之后再没有外来资金和借贷，一直到 2018 年融资。之前我们完全靠着自有资金滚动，开了 50 家店。

在喜茶之前，我们公司叫作皇茶，皇茶就是我做的。后来因为商标的原因，被迫改名。皇茶这个名字是我起的，它不是一个通用名词，但不知道为什么，商标就是注册不下来。

中国商标申请审核的时间很长，不能够立刻判断行不行，它要初审，然后几个月才下受理通知书，半年才过初审。那时候我已经等了一年半时间，第一次驳回的时候，我们已经开了很多店了，结果也没有明确地说不行。反正拖啊拖，最后就3年过去了，我们店都开到广州和深圳了，才确定这个商标是彻底注册不到的。最后我只好改名。

有些文章说我们不重视商标，这说得不对，我们绝对是很重视商标的。我对商标有很深入的研究。我现在的经验是什么？——不要自己注册，根本不要自己提交，你直接买一个商标。现在的商业形式日新月异，企业的发展速度很快，不会像传统企业，做10年、20年了还没有人知道。现在是完全竞争，互联网传播也很快，你只要生意好，开半年就满地山寨了。我们进入深圳开第一家皇茶店之前，全深圳大众点评上没有一家皇茶。不过一年多时间，深圳现在已经有两千多家皇茶了，各种各样的皇茶，更不用说全国。

现在皇茶已经不是我们的品牌了，虽然中途改名有一些波折，最终我们还是改成了喜茶。喜茶是有商标的，是我们花70万元买回来的。因此，虽然喜茶也有山寨，但我们可以打击，工商部门也可以处理，它已经受到商标保护了。

未来，我们希望把喜茶的品牌势能做得更高。**国产品牌最缺的就是势能，很多品牌不是死在扩张的速度上，而是死在最后势能不够**。**在开分店的时候，品牌的势能是一个消耗的过程**。当只有几家店时，你品牌的势能很强大，等开得越多，开得越大，你势能越低。我们现在要在一线城市先扎根，北上广深，其他地方不着急，即使有山寨也不要紧。等我们在北上广深都有了根基，品牌势能做得足够高了，有朝一日再去其他地方开，就能轻而易举地消灭掉那些山寨。

第二部分

思想家：暂与恒

在各个族群角色组成的社会生态中，企业家是狮子，行动务实；思想家是鹰，眼界高远。

未来10年，全球天宇的气象会如何？在当下主义和长期主义之间，人们该如何抉择？浪潮激荡之中，应该怎样选择“厚厚的雪，长长的坡”？

导 语

▶郑永年:改革的难点和突破点

郑永年先生是蜚声国际的中国问题专家。

在这次访问中,他再次谈到一个被多次提及的建议:政府应吸纳民营企业家参政,理由有几条:在中国古代或西方,都有先例可循;企业家解决了物质问题,会很清廉;企业家懂经济,利于发展;企业家以目标为导向,更善于对结果负责。

▶吴晓波:20 年后,我们的工作与生活

他喜好诗文,却又努力创富;他谙熟历史,却更关注未来。

这是吴晓波,过去 40 年,他以"激荡"为主题,厘清了中国的商业脉络,记录了几代企业家让人慨叹的苦乐悲欣。

未来若干年,他寄望于制度与技术的双向突破,为这个国家带来更好的愿景。而他自己,这个已过知天命之年的男人,亦会一路奔跑一如少年。

毕竟,在历史的浩荡洪流中,个人是渺小的,但唯有涌现众多独立的、强大的个体后,才会有真正强大的国家。

▶刘俏:中国企业的核心命门

2018 年,刘俏适时提出一个企业界的重大命题:如何从大到伟大?他出了一本专著,以"投资资本收益率"来为企业体检。他正在完善这个指标体系,以期更科学地检测出中国商界的真正巨人。

刘俏先生的北大同事周其仁教授用"水大鱼大"来描述过去的 10 年。未来 10 年,中国将大概率成为世界第一大经济体。这个经济大国怎样真正从大迈向伟大?这也是所有思想者不容回避的问题。

▶蒂莫西·泰勒:中国的未来

他山之石,可以攻玉。一个美国人如何看待中国的改革开放和经济发展?他对中国有哪些建议?他如何看待中国的公司和企业家?

泰勒是美国知名的经济学家。他认为,中国的经济奇迹确是值得经济学界研究的课题。但他有一个重要提醒:最大经济体和最强大国家是两回事。而中国要取得长足发展,还要做好三件事:提振内需;提升高等教育,提高人口素质;改革金融体系。这三件事,终究要靠更大力度、更深层次的改革和开放。

▶秦朔:人类史上罕见的中国现象

中国经济崛起的真正密码何在?

有人认为是难得的统一大市场;有人认为是支撑科技产业的“工程师红利”。而秦朔看到的却是中国人身上的一股劲儿:从“20后”到“00后”都在拼,世所罕见。本文中,他有详细讲解。

我见过不少企业家,他们的字典里几乎没有周末与假期的概念。为了心中的大梦,一路狂奔,从不停步。占领一个领域后,往往又踏入另一个或几个领域。他们是没有那种几代人做好一个小物件的专注与恒心,但反过来说,这种永不满足,不惧跨界的精神,不正是经济发展动力之源吗?

郑永年：改革的难点和突破点

- 中国学者需要去了解政府的运作
- 没有原创，只有贩卖的中国知识界
- 民营企业家应该参政
- 要给官员试错空间
- 如果没有产权保护，商人成不了企业家
- 我们需要理性的民族主义
- 中国改革的核心就是政治改革
- 另一个角度看国企

浙江省余姚市郑洋村。

这是郑永年如今身份证上的户籍地址，也是生养他到19岁的地方。

因为多年来他在报章专栏上的署名一直是域外的职务，至今有很多人误以为这位中新两国领导人的座上宾、享誉中外的中国研究专家是新加坡人。而他自嘲，自己只是一个中国乡下的“无地农民”。

他的父母就是农民，他们目不识丁，生养了众多孩子，郑永年只是其中的1/8。他本来也有可能沿袭祖辈的艰辛生活，但他幸运地考上了北大，人生轨迹从此改变。此后，从北大到普林斯顿再到哈佛，然后是诺丁汉大学终身教授、新加坡国立大学东亚研究所所长，不管是学生时代还是研究生涯，一路都是高高在上的顶尖学术机构。

但骨子里，他依然保持着农民式的务实和勤劳。他不热衷于和国内的知识界同行交流，在他看来，很多人离书本很近，离现实很远，“既不了解西方，也不了解中国”。而他虽然长年在国外，精神却深深扎根于这片土地。他每个月回中国两趟，少量的会议论坛之外，大多时间下到很多基层去走访调研。而在新加坡，每个工作日，他在书房里指点江山、笔耕不辍(至今已著述和主编了近80本中英文著作)；到了周末，则坚持徒步，在户外苦其心志，劳其筋骨，饿其体肤。他的微信朋友圈只有一个永恒的主题：周日徒步日志，几张沿途拍摄的花花草草，再加上他在路上的遐想与深思。在这种“文明其精神，野蛮其体魄”的长久坚持中，他会如愿获得他所说的“饥饿感、疲劳感和孤独感”。在他看来，这几种感觉对于一个男人来说，不可或缺，让人沉迷。

作为一个60后，他目睹了改革开放整个40年历程。他赞赏邓小平的低调务实，只做不说。他也乐观习近平的大刀阔斧，雄心壮志。

这让人想起阿瑟·史密斯在《中国人的德行》中所述的中国人对改革的态度，其中第三种是，“中国需要改革，而且改革的成功概率还很大，关键是采取哪种方法”。郑永年就是这种人。而前两种，第一种，觉得中国没有改革的必要；第二种，认为改革肯定会失败，“对中国进行改革就像是用电流去刺激木乃伊的心脏一样”。这本书出版时，一场大变革尚未发生。在书中，史密斯称，当时的中国人有一种“东方人特有的冷淡和宿命观”，甚至是“连神都无法改变的愚蠢”。

幸好，120多年过去，世界变了。中国已然走上一条新路，艰险又充满希望。郑永平对中国的未来是怎么看的呢？从他的自述中或许可以一探究竟。

中国学者需要去了解政府的运作

你如果要深入研究政治学的话，必须了解政府。我觉得比较遗憾的是，中国的学者，多数根本不了解中国政府。

我这个人有一个特点，我从来不相信教科书。社会经济各个方面，我要自己去看。通过自己的观察，得出自己的结论，对中国政府也一样。当然，我也和其他国家的政府打交道，了解其他国家的政府。

我觉得，做中国的政治学研究、经济学研究、社会学研究，认识中国政府是起点。因为西方政府和中国政府不是同一个概念，西方政府只是社会里面的一个角色。它有经济，有社会，有学术，是互相独立的，大学都是独立的。

而中国政府不只是其中一个角色，是“广义政府”。其实从秦始皇统一中国以后，几千年来一直是这样，从来没有变化，只是现在政府涉及的范围更广了。

现在比较麻烦的就是，中国学者、学术界跟政府之间，鸿沟过于巨大，隔着一座喜马拉雅山。我们很多学者，为什么不能形成自己的看法？因为他们心目中政府的概念，都是从教科书上看来的。你如果不想认识政府，或者你觉得政府不重要，或者不存在，那就永远不要搞研究。如果要研究，你应当花大量力气，去了解政府怎么运作，这是最重要的。

至于人家说我什么，不重要，我只是走自己的路。我不去过多关注人家的评论，我只跟自己较劲，自己评价自己。

没有原创，只有贩卖的中国知识界

我觉得，近代以来，中国知识分子的思想和思维在很大程度上被“殖民了”，他们学习西方，其实不了解西方，他们只读西方教科书。

他们也不了解中国，西方任何的主义都解释不了中国，因为它是西方土壤上产生的西方视角的观察。我们首先要从西方既定的那些思考模式中独立出来，要产生自己的“主义”。如果不能独立出来，永远不会形成自己的知识体系。现在我们没有知识体系，只是应用；没有原创，只有贩卖。正如商人要进化为企业家，我们知识界目前只是商人，贩卖人家西方的那些知识，也需要进化。

改革开放40年，我们经济界对世界贡献巨大，2007—2008年世界金融危机之后，贡献率达到50%，近年来也超过30%，但知识界的成就却很零散。我们有任何大的创新吗？对世界知识体系，有多少贡献？世界上强大的理论武器，哪一个东西是我们的？在价值观领域，我们有话语权吗？

为什么西方媒体力量很强大？为什么我们的东西对西方没有吸引力？

这并不是说他们技术手段比我们高，我们的技术手段不比西方的差，而是因为它背后有强大的知识体系在支撑。我们的媒体，各种技术、人才很多，但我们没有话语权，就是因为我们没有一个知识体系，没有软力量，西方人一黑我们，我们就没办法。除了表示不满和抗议，还能做什么？所以我们弄来弄去，弄一个孔老夫子，都是传统的那一套。几千年之后，还是“吃”孔子。当然这个文化遗产很重要，但是毕竟近年以来，我们社会变化了很多，转型巨大，对不对？我们拿什么来解释自己？

民营企业家应该参政

我认为应该让企业家参政，包括直接进政府任职。

首先，中国古代就是这样。当然企业家参政以后，就不能再做企业。不能说，一边当部长，一边干着你的企业，这不行，西方也是一样。

第二，经济很重要，而企业家是发展经济的主体。实际上，我们很多的领导人都是国有企业出身的，既然国有企业的领导人可以成为政府官员，为什么民营企业的不可以呢？

第三，丰富的经验非常重要。世界各国之间的竞争，主要是经济和企业之间的竞争。你如果没有企业家的思维，怎样有效地推动经济发展？如果找一些毫无经验的高学位人士去做经济决策，你怎么弄？为什么中国监管系统老是出事情，因为监管系统那些人根本没有从业经验。你看看美国，监管系统的官员大多是从被监管对象领域产生的。或者说，只有来自华尔街的人才有能力监管华尔街。

近代以来西方那么快速的发展，就跟商人的作用有着直接的关系。早期商人直接执政，自己制定政策以后，推动经济发展。我们说中国明清时代就有资本主义萌芽，其实更早在唐宋时期，资本主义的商业经济就发展起来了。

早期也有商人担任政府重要职位的。不过，后来商人越来越被排挤出政治过程。中国“士农工商”的意识形态中把“商”置于最不重要的地位。

我们处理好政商关系，主要是要在法律意义上处理好政商关系，不妨碍企业家参政。“当官不发财，发财不当官”的意思，是说不能两边都要，又要当官，又要赚钱，这当然不行了，这个要弄清楚。

企业家从政，还有一个好处，就是有利于打造清廉政府。新加坡高薪养廉，也有很多企业家参政的。企业家已经富裕了，他当官往往是真的想干事，为人民服务。现在一些官员当官就是为了要钱、赚钱、养家糊口。英国以前精英民主时代就是企业家从政，政府非常清廉，很少有腐败。但现在不行了。

要给官员试错空间

中国内部权力的配置，跟西方的“三权”不一样，中国确立了自己的“三权”：决策权、执行权、监察权。很关键的是，要厘清三者之间的边界。即使在汉朝，当时规定监察权只能监察 6 个方面，除了这 6 个方面，就不能监察。如果监察权滥用，事无巨细的都可以监察，这个执行权还怎么运作？前段时间我看新闻说，某一个地方监察的人去办公室看，你有零食就是违规，这就过了。

决策权集中了，就要特别注意民主性和科学性。我经常跑地方政府，往往看到一个政策还没有完，另外一个政策就来了，并且互相矛盾，不一致的地方很多。你让他怎么去执行？说明决策时就没有充分考虑执行的问题，尤其现在有些地方告状的人比干活的人还多，那你怎么干活？改革肯定是要动一下既得利益的，你一干活，既得利益者都去告状。

中国官员，我是接触得比较多。其实想干活的官员不少，但是有时候想干活的官员被指责，我们没有保护改革的机制。

我以前也建议过，应当制定一个《改革促进法》，因为要改革的话，一定要给官员一个试错的空间。因为没有一个改革能保证百分之一百的成功，（错与不错）主要看程序。比如，做了集体决策后，只要你是根据行政程序做的，哪怕出一点错误，也不应当把他看成罪人。如果你不给他一个试错的空间，谁敢改革？谁也不敢，谁也不想坐牢。尤其监察系统建立起来之后，谁都盯着你。

比如说政商关系，以前整天在一起接触，现在一顿饭都不能吃了，不敢吃了。大家躲来躲去，那也不正常。新加坡就很少这种情况，都有规定，午餐一人不能超过 70 新币，晚餐不能超过 100 新币。管你去街边吃，还是去七星级宾馆吃，超过这个额度，那你自己付就行了。你要做事情，哪能不接触商人啊？所以不能从一个极端走向另外一个极端。

现在有些官员确实不太干活了，当然也不那么腐败了，这样就给小企业一些机会。有一些民营企业，有一点机会就起来了。企业小的时候可能不用跟政府打交道，稍微大一点，肯定要打交道，这样彼此才放心。政商关系确实既影响企业也影响政府，世界的先进经验很多，我们的立法部门真应该好好去看一看，学一学。

如果没有产权保护，商人成不了企业家

产权保护很重要，如果没有产权保护，我觉得企业主永远只是商人，而不会有真正的企业家。企业家跟商人完全是两码事。

你看中国古代人多聪明，士农工商，工商分开来的，西方从来没有这个分法，中国为什么有？因为商人就是唯利是图，工有点像企业家的样子，是工匠，会创新，原创性的东西比较多。

如果没有产权保护的话，中国商人就永远是商人，永远会唯利是图。美

国的企业家想的是我要去征服太空，征服火星……而我们的企业，成功的标准就是钱，把钱作为唯一标准。

中国商人如果永远只是商人的话，高质量经济发展就没希望。但是商人要转化为企业家，一定要有产权保护。没有产权保护，就产生不了企业家，我投上千万元、几亿元，去研究技术，技术一搞出来，人家明天就拿走了。所以我们的产权保护，不是对付西方的，而是为了中国自己的可持续发展，是为了培养中国企业家，这个非常重要。

我们需要理性的民族主义

德国、日本第二次世界大战以前，民族主义高涨，然后就走向了帝国主义，后来被人家打败了。德国、日本被打败之后，就韬光养晦，非常低调。

“走出去”发挥中国的作用，跟国内的民族主义是两码事。民族主义是需要的，但是需要理性的民族主义。很多人认为，互联网领域只有中美两家了，这就是没有认真思考，完全不是这个概念。一些互联网企业的领导也来找我讨论，芯片我们没有，触屏也不是我们的。我说，这还是小事情呢：如果是windows那样的平台不给你用了，你互联网就没有了，对不对？美国是牢牢控制了这个东西。对美国来说，失去中国市场，只是多一个市场少一个市场的问题。对中国来说，很多方面，我们是生死的问题。

所以，对自己的优劣，要清醒认识。但是我们的媒体在过度宣传，整天在讲我们多么厉害。这种民族主义情绪有些时候不可避免，中国强大了，我们大家，尤其是海外华人，终于有一种民族自豪感了，但是这个一定要理性。就像你锻炼健身，是为了自己身体好，不是为了跟谁竞争，更不是为了让人家死。我们批判人家的冷战思维、零和游戏，但也不能整天想着一定要超过谁，一定要打败谁，这就是零和游戏，你自己可持续发展就可以了，这才是真正的目的。

所以媒体一定要有一个平衡。我们不喜欢美国人光是报道中国负面的东西，但是美国人也不希望我们老是好像在威胁他们一样。己所不欲，勿施于人。

中国改革的核心就是政治改革

改革分三步走：经济改革、社会改革、政治改革。政治改革不是西方意义的政治改革，西方认为中国只有经济改革，没有政治改革。我认为中国改革的核心就是政治改革，更重要。中国成功背后的故事，就是因为政治。只是我们的学者，不下去看。还是刚才说的第一个问题，不想了解政府，不想了解政治。如果没有这个政治背景的话，中国经济哪会有这样的发展？

我觉得，政治改革现在有了不同的思路。党政一体、以党领政、内部三权分工合作这个思路，核心是法治。这是个方向，现在已经开始在做了。尤其是监察委一成立，三权就到位了。这个政治制度的确立，是中国近代以来最重要的政治变化，比经济发展更重要。所以基本上，我还是比较乐观的。

另一个角度看国企

国企的问题，主要出在意识形态的问题上。意识形态的问题解决了，企业就是企业，那就好了。

我们在国企改革上，不能有乌托邦的思想。从现实主义的角度看，中国的企业制度以及中国的政商关系，和西方相比有一个好处：中国国企效率可能不如西方一点，但是中国这样的制度有能力对付经济危机，可以避免西方周期性的经济危机。中国改革开放以来，除了一些可控的外债、资产危机之外，基本上没有大危机。而西方 2008 年以后，在那么长的危机中一直走不出来。

西方政府干预经济，有两种手段，一个是税收，一个是货币政策。而中国除了这两个之外，还有国企，所以应付危机的能力特别强。尤其是政府做基础设施建设，这对产业升级非常有用。

中国市场经济，有三层市场。顶层就是国家资本，底层就是中小型民营企业，占半壁江山，中层的就是大一些的企业，阿里巴巴、腾讯这样的。有些人说这个中间层是“权贵资本主义”，其实也不是，做大了，肯定要和政府互相有联系，也互相有制约，西方也是这样，很多人看不清楚我们自己的体制。

吴晓波:20 年后，我们的工作与生活

- 企业家要不要做“公知”?
- 敢死队犹在,特种兵已死
- 理性地判断,建设性地表达
- 重新建构是能力问题
- 国企改革应从国有资本方向突破
- 其实,我是一个记者
- 百年企业是妄想,做好当下就行了
- 商业之美
- 我的期待

“你不要说你是新华社记者吴晓波，只要告诉我你是吴晓波就行了。”

当面前的企业家对他说出这句话时，第一次，青年吴晓波的心里响起一声惊雷：个体价值崛起的时代开始了。这位企业家喜欢吴晓波的文字，在报章上追吴的专栏，对他而言，他看重的是“吴晓波”这个名字及背后的人，而非其他。在当时，绝大多数中国人的名字前面带着一个前缀：“单位”，他们的荣辱得失与其密不可分。单位是一把放心的保护伞，但一不小心也会变成一个坚实的牢笼。

从那时候起，吴晓波开始每年写一本书，买一套房，以惊人的自律和勤奋在“建立自我”的大道上一路狂奔。他将写字视为自己的本分，迄今，20 多年的坚持，和同龄人相比，他成了这条路上寂寞的独行者，也成为享有盛名的记录者，所到之处，谁人不识君。但不止于此，他不屑做一个传统型的拙于谋生的文人，买房、做出版、玩自媒体、卖酒、搞投资，这些紧跟时代脉动的商业探索行动，让他可以穿 Giorgio Armani 西装，坐头等舱，住四季酒店，在“党国要人”张静江当年住过的西湖别墅里办公；让他成为“一个亿也很难收买”的独立观察者，成为一个具有争议也具有极大丰富性和可能性的“文人”。

和企业家打交道几十年，他和他们中的大部分人私下来往并不密切，但他绝不排斥自己成为这个群体的一分子。“像我这样蛮少的，很多知识分子面对金钱保持一种清高的姿态，形成一种反商业的态度。我热爱金钱。”吴晓波点燃一支烟，言辞坦荡。

曾经，他与权力部门间保持着一条河的距离。如今，他和地方政府一起做基金，在总理座谈会上建言献策，在吴晓波频道年终秀上坚定地看多中国。他很明确，这是一个李敖所谓的“政治挂帅，经济挂帅，知识分子不帅”的时代。

只是偶尔，在烟雾缭绕中，他也会想起若干年前的自己。那时候，他烟抽得不凶，当众演讲还有点羞怯，为李普曼与沈从文的文本沉醉，批判不合理的现实图景“纵笔所至不检束”，看着窗外的京杭大运河遥想这座城池在宋朝时的水村山郭、杏花烟雨……这时候，这个被很多人喜欢的、“物质文明与精神文明协调发展”的、已到知天命之年的男人往往有些疑惑：自己到底喜不喜欢现在的自己？

企业家要不要做“公知”？

我十几年前写过一本书叫《被夸大的使命》，当时的观点是企业家和知识分子之间的界限是清晰的。企业家是商业利益的生产者，知识分子是思想的生产者，这两种身份很难兼容。

这几年，全球范围内发生了很大的变化，特别是在技术领域。整个商业秩序、社会秩序和文明秩序发生极大的变化。这个变化其实都不是经典意义上的知识分子在第一时间感知到的，反而是提供这些变化的企业家、商业观察家，最早预知的。

20 世纪 80 年代以后，知识分子在公共意见表达方面，基本上没有大的影响力。商业投资人、硅谷的一批人，还有一些科学家，是他们提出了人类未来的变化。中国其实也蛮明显的，像马云、马化腾这些人冲在变化的第一线。

这就模糊了知识分子的身份，他们本来是愿意在公共领域中表达自己专业思想的人，讲究逻辑，现在反而是企业家在这一方面能力很强。

40年多来，企业家阶层的整体出现，是中国社会发生的最重大的事情。它比所建的任何高楼大厦都重要得多，造就了千万人级的有产阶级。这部分人在财富积累的同时，一定会表达公共意见。

到今天为止，这部分属性具有特别大的争议性。2015年，柳传志在正和岛提出在商言商，是一个拐点事件。

像柳总这样的人是代表性力量。一个社会的公共思想市场，如果是由企业家来主导，或者其突破需要企业家来完成，这是一个过高的期望，也完全不可能实现。一个大学教授和一个企业家，如果同时受到惩罚，它的后果的最大区别是——教授失去教职，但企业家可能会造成1万户家庭的失业。

德鲁克在《企业的性质》里写，企业家要做几件事情：

第一，提供合格的产品；

第二，合法纳税；

第三，善待员工；

第四，与周边的社区环境形成良好的关系；

第五，慈善。

做好企业是企业家的本职工作，企业家本身不承担推动公共秩序进步的责任。

企业家做好本分就可以了。如果一个企业家需要被政府肯定、表扬才有成就感，这是很不成熟的表现。

很多企业家参政议政、做“两会”代表是自我意愿，尽了一个公民的责任，但不能因为没有这个机会，就觉得没有得到足够重视和嘉许，这是错误的；也不能因为当了人大代表，就觉得被外部认同，自己的企业是一个好企业了。

企业家若真觉得要表达一些意见，可以捐款给一些基金会，请人做课题，在专业领域表达意见。

在国外，对一个优秀的企业家来说，参政和做慈善是同一件事情，无非是在不同领域做表达。企业家可以找专门的人成立慈善基金会做慈善，像巴菲特把钱给了比尔·盖茨基金会，比尔·盖茨现在成了社会企业家，这其中也会体现企业家精神。国内的，像马蔚华从招商银行退休后，花了很多精力做慈善型、公益型事业。他们这都属于非常职业的表达。

敢死队犹在，特种兵已死

我有一次与今日头条的人讨论自媒体这个事。他们说作家对思想解放与信息解放有很大的意义。我们长期的思想供给是有秩序的，原来所看到的信息是报纸、杂志。自媒体打破了这种秩序，造成两个景象：

一个景象是信息失控，人的选择时间增多。现在信息被分解，有些人可能天天关注快手、抖音、趣头条，有些人则选择一些严肃的东西，人的认知就迅速地差异化，实现分化。自媒体就诞生在这样的环境中，无非是选择为哪一群人提供一个片段的知识而已。今天中国统一的新闻市场，已经丧失掉了。比如之前大流感，我们都不知道今天的大流感和2003年的SARS之间有多大的关系，严重程度怎么样。从新闻报道来看，基本上是100∶0的关系，当年铺天盖地都是SARS的事情，今天几乎是零。不应该是这样的，哪怕是100∶20，100∶17，100∶75都有可能，今天就是100:0，新闻供给肯定出问题了。两年之前我写《那个最后的看门狗走了》，就像你看到的今天，最终受损伤的一定是公众，当媒体势力没有了以后，公众肯定受大损失。

另一个景象是关于一些重大问题的公众讨论已经不存在，或者说政策讨论的空间在丧失。中国现在有很多研究宏观经济学的人，论证中国崛起的重要性，而很少有人研究像国有企业改革这样的具体问题、公共问题或政策。

公共讨论的空间越来越空洞化，它是缺位的。

理性地判断，建设性地表达

我很认可正和岛一直倡导的“理性地判断，建设性地表达”。我觉得现在的关键是缺乏一个建设性的表达方式。我们在这方面，肯定会遭到很大的损失，所有人都会付出代价，不仅是老百姓。

我把财经领域分成三类，分别是宏观、微观和中观。我现在所在的中观领域是最繁荣的，包括产业经济、互联网的商业模式、创业浪潮、技术变革。

微观和宏观部分其实都缺失了。微观部分是企业管理。这部分的缺失是因为发展到了一定的阶段，精细化管理所获得的效益远远不如创新、投资所获得的效益。这不光是中国的问题，全球最近这十几年来，除了传统方面的平衡积分卡，管理学上几乎没有任何突破。

宏观方面现在基本上不用太多讨论。

重新建构是能力问题

早期的改革开放建立在对既有秩序做破坏的基础上。我在《激荡三十年》里曾写过，“所有的破坏都是正义的，所有的改革都是从违法开始”，它是这样一个过程，要敢于破坏既有的秩序，甚至要敢于违法。

小平同志在 1978 年、1984 年、1992 年带来了几次思想解放运动，推动了人们摆脱旧秩序——向新生活方式、工作方式做转移。但是到后来，思想解放在商业领域所产生的效应会逐渐地降低。在解放环境下如何做建构，这是能力问题。

其实我认为现在不存在一个思想解放的问题，而可能是在 10 年或者 20

年里，中国经济发展和社会秩序建设之间到底该怎么重构？这些是更具体而微的专业性问题。

国企改革应从国有资本方向突破

有三个概念，一个叫国有经济，一个叫国有企业，一个叫国有资本。我觉得这三者是有差别的，不应该搅在一起。未来国有企业应该叫国有资本，国企应该资本化、证券化。

未来5年，最应该从国有资本角度实现突破，通过提升国有企业和国有资本的效率，再定义国有经济在国民经济中的占比和角色。国有资本突破，我认为它应该是用主权基金的方式，参与到产业创新过程中。混合所有制改革不应该只在企业层面上，而应该在资本层面上进行。

今天的形态就很麻烦，国有企业拿出资产来进行混合所有制改革，你如果是一个坏资产的话，是在祸害你的兄弟；你如果是一个好资产的话，就是国有资产流失，这个问题没法解决。资本层面上是可以解决的。可以按照国有资本和国家主流基金来入股。我觉得国家在这一层面上，部分达成共识了。未来我们看到的不是国有企业越来越强大，而是国有资本越来越强大，成立各种各样千亿级别的基金。文化领域不也有吗？类似创业之星。它不会再去投资国有企业，它会投一些创新型企业，在资本层面上进行一种混合制融资。

其实，我是一个记者

我从20世纪80年代开始采访。有一次我给人家递名片，人家跟我讲，你不要说你是新华社记者吴晓波，只要告诉我你是吴晓波就行了。那是我第一次遇到有人只是看了我的专栏知道我的，他当时也不知道我是哪个单位。

那次对我刺激挺大的，我想大概不一定需要这个身份也能够见到我想见的人，所以 2004 年我离开新华社，但写书是从 1996 年开始的。此后我就每年写一本书，离开新华社已经出了七八本书。我一直很感谢新华社，我从来没有说过新华社任何的不好，第一，它分了我两套房子；第二，在 10 多年时间里，它其实对我没有什么约束。它一直以来很鼓励我去好好地写稿子，当个好记者。

我到新华社的时候，采访是无限制的，你可以见所有的人，你可以花很多的钱，你三个月不写一篇稿子也没关系，最后拿出一篇稿子给我就可以了，或者给我一个结论也可以。新华社当年养记者是这么养的，绝对富养，你在浙江当记者和你在北京当记者是没有任何区别的。我记得有一次一个内蒙古的记者来看我，要我们到西北去看一看，后来我们弄了一篇调查叫《长城中部地区畜牧业发展的调查》，在甘肃那一带跑了三个月。

但它还是占用我时间。第一，我每个礼拜一下午还得去开周会，最简单地说，半天的时间已经不见了；第二，我是跑工业线的，整个新华社就我一个人跑工业线，如果不跑的话，那这条线就断掉了，所以我必须还要去完成一些日常的工作，参加很多新闻发布会、政府现场会，它会占用你很多精力，而这些对我来讲是完全没有意义的，我就不愿意耗那个时间了。

走到今天，本质上我觉得自己一直还是一个财经记者。当年写《被夸大的使命》时，我认为企业家、知识分子不可兼容。但现在我认为，这里存在一定的兼容性。

这实际上是一个心理问题，你希望你是一个怎样的人？这是最根本的问题，对吧？我希望我还是一个财经作家，就是这样的。或者说再往后面看，比如说 50 年后，如果你在百度搜索一个人，这个人的第一身份是什么？我想我肯定不会因为说我办了一个企业而被人搜索。

我的自我认知还是一个记者，其实我一直是个在非虚构领域里的财经记者。我以后被记住，也是因为我记录了某些事情，在我记录的过程中，我一定会有我的立场，在书里面有无数我的立场存在，大概就是这样的。

至于我的企业家身份，要感谢这个时代给我机会创办一个民营图书策划出版机构；我有了自媒体后，又有机会更深入地介入商业。我并不排斥金钱，也不排斥企业家这个身份。如果在心理上有一个排序，我会首先认为，我就是一个财经作家。

我觉得我对商业的复杂还是没有足够的心理准备和警惕，比如说当年做“蓝狮子”的时候，并没有那么大的纠结。出版是一个特别慢的行业，比如我们要出版一本书，快的八个月，慢的两年。我们住在一个小楼里边，一共就二十来个人，可以一起吃吃饭。那时也没说要融资，每年赚的钱，股东分掉了，我们从第一天起就没有亏过钱，就开始挣钱。所以我觉得“蓝狮子”当年是一种很安静、很古典、很文人状态的创业。如果我不做自媒体，在“蓝狮子”状态下，其实现在也挺好的。但是搞了自媒体以后，节奏很快，占用了我大量时间，其实它让我特别的焦虑。

另外，还会面临利益上的问题，比如有人在吴晓波频道插了广告，他给了我 100 万、200 万元，当他突然发生一些负面新闻的时候，我怎么办？我现在可能能做到的是我不做报道，我不评论，对吧？但还需要特别勇敢地去质疑它。重大事情发生的时候，我也会干，当年“达能事件”，我写文章发声，老宗(宗庆后)到现在还对我不高兴，这没有关系。“三聚氰胺”的时候，我们发出了对蒙牛的质疑，那也没有关系。特别重大的公共利益事件发生的时候，我想这点勇气与底线，我还是有的。一般性事件的时候，可能就会有一些纠结，会有放弃和妥协。

百年企业是妄想，做好当下就行了

我接触的企业家太多了，我都挺喜欢他们，但保持一定的距离。每个人在不同的领域有不同的成功。我研究企业史，不会看一些很短期的事情。从内心来讲，我最欣赏长跑型的企业家，他们在很长时间里证明了自己的商业才能。

我可能更好奇的是人本身的一些事情，就像我最近写饿了么的张旭豪，关心的是一个33岁的小伙子突然有10亿美元之后准备做什么，他不当创业者以后，角色的转变能成功还是不能成功?

现在很多企业说要成为百年的企业，成为伟大的企业，我认为百年企业是极不靠谱的。没有一个行业是百年不变的，除非不扩张，写下祖训，不允许开第二家。只要大家还在吃火锅，你家火锅还好吃，就还能延续下去，你要扩张就变成了海底捞，就变成另外一个逻辑了，所以百年企业这件事是极不靠谱的。你如果永远做一个庙宇装修的公司，你可以做成金刚组，你要做很大那就不行了，要把金刚组做成世界500强，你试试看，会成为一个千年企业吗？你很快就死掉了。成长特别脆弱，所以这个是不存在的。

作坊能够百年，企业是不可能百年的。中国企业家不要想做百年企业，好好做个当下的企业就满足了。

“当下”这两个字能够延长到10年、20年，我认为任正非的企业观是非常正确的，人是会死的，企业也会死的，随时准备迎接死亡。我们人活在今天不也是因为这样？如果老天跟你说你能活600年，我现在就不用忙了。我们说努力工作，因为人生就那么几年就要退休了，所以必须好好干，抓紧干。

商业之美

我从来没有羡慕过那些首富、大佬，因为我从来没缺过钱，还比他们轻松，我干吗要羡慕他？

我很早就认为我要有钱，很早就实现了财务自由，当时讲过一句话“我再穷也要站在富人堆里”。因为做财经报道，如果我是一个特别贫穷的人，心态一定会很差。1998 年我花了 100 万元买了个岛，站在 1998 年那一个点上，我似乎比 BAT 的三个人都有钱。

但我现在回看他们从小到大的过程，会觉得商业是一件挺伟大的事情。

其实商业特别煎熬人，“面壁十年图破壁”。一个和尚天天在山里面思考人生，通过折磨自我肉体，达到一种极限状态，对人生有一种新的感悟，商业不需要这样(就能达到这种状态)。

有 200 个人堵在你门口，你怎么办？有人说要拿 20 亿美元收你 51%的股份你怎么办？你进入一个陌生的行业，杀进去，不知道能赢还是输，你怎么办？企业家是天天处在一种极限状态的，所以你看，一些企业家到七八十岁以后，讲出来的话和老和尚没区别。

我是不反商业的。商业的不确定性不是人造出来的。军事家、政治家、哲学家、诗人、画家、企业家，被逼到一种极限状态，对生命、对世界的理解基本上差不多。像当年这些企业家，今天还在不断地迭代。

所谓商业之美是在两层意义上：第一层意义是提供了一个特别好的产品，改变社会和世界，让人产生愉悦感和成就感；第二层意义是在改造过程中，把自我的生命逼到了一个极限，形成了一种突破。

我的期待

我只讲商业领域的期待。

第一个期待是互联网变成基础设施以后，所有的商业文明都会重建。现在的新零售、知识付费、社群经济、制造业的柔性化改造，都是建立在互联网基础上。

第二个期待，所谓的第四次浪潮，是基因革命、新能源革命、人工智能等新技术带来一种推动。这些技术又会成为下一轮产业的基础设施。

这才刚刚开始，未来 20 年的变化可能比互联网过去 20 年带来的变化更大。过去 20 年是物理状态的改变，我们原来在线下买东西，现在到网上买东西；原来用纸币，现在用支付宝。未来我们会被 AI 干掉，连劳动机会都没有了。我开玩笑说我们现在因为劳动而获得收入，20 年之后我们很可能需要支付成本，才能获得一个劳动机会。

刘俏：中国企业的核心命门

- 成长的轨迹
- 把北大光华做成中国最好的商学院
- 中国经济的重要问题是缺乏科学精神的土壤
- 中国有哪些伟大公司?
- “中兴事件”给我们什么警示?
- 我看中美贸易纠纷
- 独角兽回来会带来什么影响
- “中国路径”比“美国菜单”更有适用性

很久以前，在一个论坛里看到有人推荐一本影评集，说是北大一个叫刘俏的金融学者写的。后来，在北大光华学院一个新媒体班上课。讲台上，这个面容严肃的年轻院长，不时讽刺一下一些假大空的社会现象。他用李白的“明月直入，无心可猜”来描述金融的本质，我才意识到，他就是那本文艺小册子的作者。

在一个春日下午，我来到他的客厅，聊一些宏大叙事。我提的一些问题，他会谨慎地给出“院长模式”的官方答案，然后又忍不住说出一个思想者的真实想法。

和很多在这片土地上取得成就的优秀分子一样，他有着纯粹的本心，又面目复杂：他是写《你一定要喜欢周星驰》的金融学教授，是狂看过数千部电影的学院院长，是听过边境枪炮声的知识分子，是吹拂过欧风美雨的中国问题研究者。科学与艺术、金钱与人文、自由与责任、古典与现代，诸多的对立面在同一个个体身上冲撞，又融合，赋予他别样的气质，忧郁、热情、冷幽默。从云南到四川，从北京到洛杉矶，从香港到鹿特丹……回首向来萧瑟处，此心安处是吾乡。他走过很多地方，最终将心安顿在未名湖畔；但在思想的疆域，他却免不了是一个永远的流浪者与异乡人。

从一个孱弱迷茫的少年出发，他已经走了很远。他所带领的这个机构，是这个国家的最高学府里最受瞩目的一部分。在不明真相的吃瓜群众眼里，它曾经是“北大最有钱最没文化”的地方；而今，这个被属下昵称“俏哥”的人矢志让其成为“中国最好的商学院”，成为“国之重器”，并强调它的“最敢为先”。

只是有点意外，当我提起他书里的“星爷”时，他竟一时有些茫然。这让我想到发生在我们身上的那些变化，我们总喜欢美其名曰“成长”或者“突破”，但又何尝不是一种背离？

成长的轨迹

我父亲是四川人，但那时随部队驻在云南，所以我的籍贯在四川，但整个前 14 年是在云南度过的，而且靠近越南边境。当时是中越战争，1979 年他们进去，1983 年打完仗之后，赶上了裁军，我爸爸回去，我就跟着回去了。

部队对我影响蛮大。在云南的时候，当地的同学，他们有亲戚，逢年过节都很热闹，而部队大院的孩子只有父母在部队，没有亲戚，不热闹，还是有一种强烈的异乡人的心态。

另外，我感觉部队对我性格上还是有一些影响。我没认真想过这个问题，但部队大院出来的人我能认出来。在大学里看到有些人，我能感觉出来他跟你有一些相同的处事习惯和说话风格，那个东西很微妙。我们这样的人，会有一些家国情怀，对家和国的理解比一般的同龄人会敏感一些。

我觉得我的成长中有几个关键的节点。

到北京来读书是第一个节点。我 1987 年到中国人民大学，那个年代有点不太一样，氛围很好，大家在思想上开放的程度、对一些新东西的容忍程度都要更高一些。高校的氛围跟县里高中还是不一样，站在一个更高的位置，可以更好地规划自己的成长，对自己未来的职业和事业选择，可以做一些深刻的思考。回头来看，那个年代还是有很多让人很留恋的东西，大家都没钱，但都从正面看问题，很正能量，觉得国家会更好，这种心气还是很普遍的。

第二个节点是出国读书。我是 1994 年底出去的，1995 年到 UCLA（加州大学洛杉矶分校），因为我学经济学嘛，那 5 年时间是很扎实的，正儿八经把现代经济学的体系做了一个非常系统的学习，微观经济学、宏观经济学、金融这些。之后，我开始把注意力转向中国问题或者中国企业的问题研究，分析问题的框架体系的搭建，那 5 年起了很大的作用。

第三个节点是 2000 年我回香港，在香港大学待了整整 10 年，中间有两年是在麦肯锡，他们当时在筹建亚洲公司的金融研究部门，让我去主管那个部门。我当时觉得是很大的挑战，但可能有些机会去研究一些真实的亚洲企业，特别是中国企业，是了解实际市场运作的机会。

在香港大学的意义比较大是因为两点：第一，慢慢养成了自己研究的趣味和品位；第二，开始关注资本问题。我比较自豪的一点就是，当时我在国外杂志发表的一些文章，大部分还是研究中国的问题，在西方学术期刊上发表研究中国的文章，当时很罕见，到现在都不能说是主流，但我还是一直坚持在做。

2010 年底回到北京，到了北大光华学院，到现在是 8 年的时间。这是很大的转折，开始全身心拥抱中国在改革开放过程中出现的一些机会和挑战，不确定性也扛起来了，这对我影响非常深。

把北大光华学院做成中国最好的商学院

之前讲到光华，一千个人有一千种说法，曾经有人说它是“北大最有钱、最没文化的地方”。前一年我们做了很多的沟通工作，光华是什么，光华要到哪里去？光华要做中国最好的商学院。如果有一天，大家觉得研讨中国问题，讲述中国故事，宣扬中国理念，在这方面光华是全世界大家能够想到的屈指可数的地方，那我觉得这个目标就实现了。

为这个目标去奋斗的话，未来若干年我们的路径就很清楚了。除了日常的项目、课程、学术研究之外，我们重点在做两件事情：

一个是"光华思想力"。一些重大的经济社会发展的关键问题，结构性大问题，我们想用课题的形式来破题。在这些重大问题上，作为一个世界级的商学院，我们不该缺席。不管全球治理问题，国家治理问题，还是企业治理问题，我们需要发出声音来，有一些政策建言；需要有一些相应的书籍和案例，甚至把它反映在课程体系里，形成现代课程；需要对现有课程体系进行改革，具备引领全球化新时代商业的能力。

二是"一带一路"书院。习总书记提出"一带一路"倡议，从人类命运共同体的角度来思考，怎么让更多的国家跟人民能够从经济发展中受益。中国刚刚完成工业化，美国将近100年前就完成了，现在大量的"一带一路"沿线国家面临的问题是，它们要推进工业化进程，提高发展水准。我们的优势正在这个地方，我们是全球化的受益者，我们的经验，我们走过的路，对它们有很好的启发。光华通过大量的研究梳理和整理中国经验，以后会有一些具有说服力、启发性的可以分享的东西，对"一带一路"相关国家的经济发展、社会发展、管理智慧的提升会带来一些启示。我不是说中国的想法一定比美国好，但这种启示可能会更加直接一些，关联度更高一些，至少你可以多一个替代性的故事版本出来。

大学的商学院是国之重器，2017年我们开始推"光华思想力"，因为本身也意识到我们有这样一种社会责任，对关键性问题的研究不应该缺位，也希望能够对国家、社会的发展彰显我们的影响力。

做学者跟做大学院长之间，或者说，管理自己跟管理机构之间在角色定位上的差距会比较大一些。学者相对比较自由一些，把自己管理好就行了。做院长的话，像我们学院老师就有112人，整个学院500多人，教授群体都很桀骜不驯，北大教授嘛，都是高水平，大家的想法和背景不一样，或者说大家对问题的看法其实蛮不同的。

但我觉得我这边比较容易协调，因为：第一，光华本身是一个比较有文化、有传统的机构，虽然很年轻，但大家对未来的发展方向其实都很清晰，就是想做中国最好的商学院。怎么描述最好的商学院，大家的理解可能不太一样，不同的人有不同的想法，但我一定要做最好的，这个认知是非常清楚的。从1985年成系，1993年成院，到1994年成立了光华之后，经历了前面的厉以宁教授、张维迎教授、蔡洪滨教授，再到我这边，30多年下来，这个方向一直很清晰。第二，我们是注重价值观的商学院，乱七八糟的事儿不多。还是那句话，创造管理知识，培养商界领袖，推动国家和社会进步。我们的底线是比较高的，有些事儿绝对不做。

管理这样一个组织，会有很多繁杂的工作，但给定这样一个基础和氛围，管理起来挑战也不像想象中那么大。

平常遇到问题的时候，有各种各样的矛盾需要平衡的时候，我就用麦肯锡的专业精神来处理这个事情，考虑这个事情对学院的发展有没有好处，从长远来讲是不是有利于学院实现它的价值理念，这样来判断就很容易做了。

回归到专业精神的层面上，其实很多问题不像想象中那么难。有的时候就怕不一致，就事论事，这个事情我这么处理，那个事情用另外一种方法，时间长了，你自己会很困惑纠结。我就用最简单的一个法则——什么样的事情对学院的发展是有利的。很多事情这样判断起来就很容易。

中国经济的重要问题是缺乏科学精神的土壤

美国经济学家科斯曾经讲过，中国经济有一个重要问题是缺乏思想市场，我们缺乏思想市场的根源是科学精神的土壤没有培养起来，这是很要命的一点。

我们国人喜欢炒作一些宏大的概念，但对真正支撑这些概念的底层逻辑、实证的数据或者证据，其实并不是特别关注，所以我们往往讲得很宏大，但后面信息有可能做得不实，总是有各种各样的“泡沫”不断地涌现。这种情况下，看起来好像有各种各样的观点、思想在交锋和碰撞，但其实真正的思想跟观点之间是有很多关联的。**你真的有科学精神的话，你的看法是需要经验、逻辑、数据来证实的**。另外，我们对真正的深度思想，其实完全没有耐心。所以，**北大** 120 **年之后，我们还要从这里出发，拥抱我们从来没有过的科学精神**。

中国有哪些伟大公司？

从企业角度来讲，中国改革开放的发展有两个阶段：第一个阶段是从没有到大，第二阶段是从大到伟大。

现在很多企业家的路数，他所采用的商业模式，或者他对外界的机会认知，是在第一阶段形成的。过去 40 年，经济高速发展的情况下，有些人得到很多机会，发展速度非常之快。GDP 在 40 年里增长 34 倍以上，人均收入从 200 美元增长到 9000 多美元。一个十几亿人口的国家，34 倍的成长，人均消费暴增，这会提供多少机会？

在组织行为学里面，学术界有一个“印迹理论”，在发展早期形成的印迹，会伴随他很长一段时间。之前大家都习惯这样一种高举高打，好像增长速度一下降到 6.7％或者 6.9％，突然就觉得不会玩了。所以我觉得企业家有一些顾虑、担心、焦虑，对未来没有信心，多多少少跟这种转换有关系，**中国经济进入一个新时期，中国的企业家也面临这样一个调整阶段，大家可能会有一个适应的过程**。

但如果说能认知到企业发展的阶段性，或者你想做一个基业长青的企业，那就要立志从大到伟大，把未来经营管理的重点放在价值创造，而不是简单地追求规模，把追求 ROIC(投资资本收益率)作为转型目标，在这种情况下未来的机会还是蛮多的。但能清醒意识到这一点的，或者说开始采取一系列举措朝这方面做一些布局的企业，毕竟不会太多，这也是为什么大家看起来普遍焦虑的原因。

我衡量企业价值创造能力的指标是"投资资本收益率"，多元化跟它之间是负相关性。换句话说，如果企业追求的目标是投资资本收益率、价值创造，那么多元化本身并不会带来你想要的结果。

这里面有两点。第一点，大数定理。多元化成功的可能就这 1%、2%的例子，它不是一个规律，规律要有大量的研究。我的研究是 2013 年、2014 年做的，2000 多个上市公司，分析完之后发现多元化的程度跟企业的投资收益成反比。这一点跟美国、欧洲的情况完全一致。我想它本身就提出了一个建议，企业盲目追求多元化的话，不是一个最优路径。

第二点，我理解在中国有很多外部的制度制约，企业对于通过多元化做大有很多动机在里面。比如，他觉得规模越大，企业越成功，这是一种可能性；还有，做大了才能被关注，得到一些平常得不到的好处，金融体系可能会给我融资，地方政府会对我关照，会更安全一些；还有一种可能性，为了解决债务问题，你被迫做大。打个比方，我现在是 10 口锅 7 个盖子，我忙不过来了，我用一个并购或者进入一个新领域来融资，赚一笔钱之后变成 11 口锅 8 个盖子，这个状态显然比 10 口锅 7 个盖子好一点，我变成 12 口锅 9 个盖子，又比 10 口锅 7 个盖子感觉更好一些，有这种动机在里面。

所以说，制度基础设施层面上的一些缺陷使它不由自主地加入游戏中来，而且不由自主地作出把规模做大的选择，最终就出现多元化。

一些企业销售数据不错，利润总额不错，规模不错，但真正在价值创造层面上，其实还有很多缺失。像安邦，曾经是财富500强，规模很大，很成功，当时很多人吹捧它。但回过头来，你看它的投资收益，看资金的使用效率，杠杆非常高，这就要打很大的折扣，用杠杆的方式把规模做大太容易了。所以我为什么在强调"从大到伟大"，"伟大"很重要。

中国市场很大，我们正在从传统的高速增长向高质量发展，支撑起高质量发展的肯定是一大批优秀、伟大的企业。这种变化的进程，速度可能会非常快。所以要我讲，具体哪家企业是伟大企业或者是有伟大企业的基因，我举不出太多例子，但我觉得它在成批量地酝酿、诞生、成长。我在新书里讲了华为、顺丰，还有小米、阿里巴巴，按照ROIC的标准来分析，我觉得它们改变了商业运行的方式。

我们算了一下，中国A股市场，过去18年来，其实ROIC只有4%不到。我很粗略地算了一下，阿里巴巴基本上在50%以上，1块钱进去之后能赚到5毛钱的税后利润，你可以想象一下阿里巴巴得到资本市场的认可程度。它的销售数据其实是非常有限的，中国至少可以找出七八十个企业收入比它多，但它的股票市值是市场里面数一数二的。从这个角度讲，资本上能够创造价值的企业，价值本身体现为投资的收益。

伟大企业可能是能够创造价值的企业，但价值本身的内涵，我们对它的理解逐渐在丰富，而且这种丰富本身反映的是一个国家或者时代商业文明的进步。过去大家讲价值的时候，讲股东价值比较多一些，出资人赚钱嘛，特别是在2008年金融危机之前。但慢慢地，价值的概念内涵变得更丰富，除了股东之外，包括给债权人还钱，包括我的顾客、我所处的社区，甚至我们讲大一点，有家国情怀在里面。

把这个纳入价值里来之后，这种情况下，我的命题本身没有变，伟大企业一定是创造价值的企业，只是价值包含更丰富的维度。我觉得中国正好处于这个时间点，越来越多的企业家开始思考这个问题，除了赚钱之外，是不是我应该做点别的事情，把这个价值在其他的维度上体现出来。我想这与我们传统文化、家国情怀、“虽千万人吾往矣”、“有所为有所不为”是连在一起的。

这一代企业家正在走向成熟，这是可喜的变化。包括正和岛在弘扬企业精神方面，其实也隐含了这样一些维度：强调伟大的企业应该具备什么样的组织形式，优秀企业应该追求什么样的目标，跟中国传统文化如何交汇……这些思考推动着商业文明和社会整体的进步。

“中兴事件”给我们什么警示？

现在中国什么方面最牛？**全世界找不到一个像我们这么大的统一的市场，任何一种技术只要跟中国市场一拥抱，之后产生的聚合反应、化学反应效果确实是指数级的**。

但贵为全世界最大的纺织品出口国，中国出口 8 亿件衬衣所换得的利润刚好够买一架空客 A380 飞机。中国是全球最大的汽车市场，然而中国汽车的品牌运营、整车与零部件设计与研发、关键与核心零部件制造等环节，主要被奔驰、宝马、大众等跨国公司所把持。中国的制造企业急需发力直追，力争早日跻身价值链的高端环节。这次的中兴事件就是一个警醒。

真正原创的、基础性的技术是支撑一个产业或者国民经济行稳致远的基石。为什么大家讲大国工业、大国技术，（因为）真正的核心技术别人不会卖给我们。现在讲高质量发展，需要我们自己的原创技术，需要参与行业标准、技术标准的制定过程。我们太关注开发，很少关注研发，**其实研发才是未来中国最大的、可以产生效果的领域**。你看任正非的讲话，讲得很好，他讲的是华为研发思路，企业应该怎样培育自己的技术能力。

我看中美贸易摩擦

我对“贸易战”的说法比较排斥。

我这样理解，首先，自由贸易跟公平贸易是两回事儿，不要用公平贸易去否决自由贸易。特朗普觉得贸易过程中，我吃亏了，不公平。但我想，因为两个国家的发展阶段不一样，而且这是一个全球治理格局的急剧变化期，如果片面强调贸易的公平性，确实容易产生很多纠纷和冲突。贸易肯定是对全世界，对所有参与的国家都有好处的。在全球治理环境发生变化的情况下，**作为引领全世界的两个大国领袖，他们更大的责任在于捍卫人类的命运共同体，捍卫人类正面价值的理念和精神，而自由贸易是其中一个**。

第二点，我们要正视这个问题，如果说真是不公平的贸易，必然会动摇自由贸易的哲学基础，那么我们在不公平贸易的层面上，也能积极寻找一些解决方法。所以我觉得冲突肯定不是好事儿，应该以更加积极的态度去解决可能出现的一些问题。

独角兽回来会带来什么影响

证监会欢迎独角兽回来的主要原因其实很简单：我们 A 股市场缺乏好的上市公司，这是一个很大的硬伤。我们现在讲创新经济缺乏代表企业，以前是上市规则的问题。所以这种情况下，证监会作出这样一种超常规的制度安排，可以理解它的动机和初衷不外乎：这些企业经过了海外市场的验证。海外市场对上市公司是很挑剔的，这些企业的质量还可以，阿里巴巴 ROIC50％多，回到一个 3％的市场当然是好事儿；另外，它本身又是高科技企业，创新经济的代表企业，也可以增加我们上市公司整体的多元性和创新性。

但这毕竟是一时一事的安排，可以起到一种示范效应，但对整个市场基本的基底，能不能产生质变的影响，我是高度怀疑的。我觉得**我们需要一个长效机制，真正把资本市场建立起来，使其本身具备成就伟大企业的基因**。IPO 制度要彻底做一个改变，其实这方面有识之士已经讲了很多年，注册制应该实施，退市机制应该建立。

“中国路径”比“美国菜单”更有适用性

中国这些年发展得很快，很多人觉得我们可能很牛，我们做了什么事情是别人没做的。但换个角度来讲，日本也曾经这么牛过，韩国在某个阶段，规模没有那么大，但也小规模炫耀过，仅此而已。我们的这些路径，成功的要素，其实没有摆脱人类经济社会发展的普遍规律，比如说我们实现了工业革命，当然我们实现的手段和路径可能跟美国不太一样。

因为全球化的红利，我们有一个非常大、全球化的市场，这个市场使得我们形成大规模的生产，使得我们产业能够崛起，我们开始生产很多对外出口的产品。我们发展到今天，完成了工业化的布局，并且学会了尊重市场。这是人类社会发展到一定时期之后需要进入的阶段，我们成功地把它完成了。

我觉得中国完成工业革命的路径和具体的方法本身，可能在“一带一路”相关的国家有更普遍的适用性，比美国菜单的适用性更好一些。不是因为我们比它优秀，而是因为我们刚刚完成，还有记忆，我们感同身受，我们的经验很新鲜。而美国那边是 100 年前的东西，太旧了，太傲慢了。

蒂莫西·泰勒：中国的未来

- 中美贸易摩擦与中国经济的前景
- 如何看待中国近些年的经济发展
- 后发是优势还是劣势
- 中国应该如何防范“中等收入陷阱”
- 我所欣赏的中国企业及企业家
- 国企该如何改革
- 政府应该掌舵，而不是划桨
- 下一轮改革中需要注意的问题

蒂莫西·泰勒(Timothy Taylor),美国著名经济学家,全球权威杂志《经济展望》主编。经典畅销书《斯坦福极简经济学》与美国百所高校通用教材《经济学原理》作者。

泰勒学术功底深厚,曾为众多诺贝尔经济学奖获得者编发论文,帮助他们用生动的语言向普通大众解释他们的理论,被称为"诺贝尔奖得主的天才编辑"。亦曾因在斯坦福大学讲授的经济学课程备受欢迎,获"斯坦福杰出教学奖"。他还为多家报刊撰写经济学专栏,并为联邦储备银行等机构或组织讲授经济学课程。

泰勒非常重视教育,受邀来中国讲学的时候,他也在不同的场合分享从各国经济发展中得出的经验和教训:受教育程度越高的国家,人均GDP越高,人均收入就越高。1980年,中国人平均接受教育的程度很低,与美国差距很大;到了2014年,虽然仍低于世界平均水平,但受教育年限显著提升,这个过程就是中国在努力追赶的过程。

借着泰勒在喜马拉雅开设经济学入门课的机会,我们以邮件的形式采访了他。作为严谨的经济学家,泰勒的回答十分谨慎克制,但依然可以通过其只言片语,了解美国主流社会的一些观点。

中美贸易摩擦与中国经济的前景

我不知道如何区分我脑海中所恐惧、期待和希望的。但回想起来，美国和其他地区的反贸易运动也曾风行一时。例如，在20世纪七八十年代，美国也强硬地认为，与日本的贸易是不公平而且具有破坏性的；在20世纪90年代末和21世纪初，世界各地的城市也都出现了反全球化的抗议活动。这种情况似乎经常发生，即当一场贸易战即将打响时，人们会采取一些较小的行动来限制贸易，但是显而易见，贸易限制具有特定而高昂的成本。做个比喻，限制贸易有点像触碰一个通电的栅栏，大多数人首先是震惊，然后退缩。就我个人而言，我希望任何贸易战都是短暂的、小规模的。贸易要寻求为两国创造双赢局面的途径；对于每个人来说，贸易战的结局通常都是两败俱伤。

如何看待中国近些年的经济发展

中国近40年来的经济增长是世界经济史上最令人惊叹的事件之一。在50年，甚至100年后，经济学家和历史学家们都将继续讨论和撰写这方面的文章。中国肯定会很快成为世界上最大的经济体——从某些方面来看，它已经是了。但**最强大的国家和最大的经济体的含义是不同的**。未来几十年，中国人均GDP仍将远远低于美国和西欧等高收入国家。**国力没有一个简单的公式，它涉及外交、科技，甚至是一个国家被他国信任或赞赏的程度**。

经济增长有一个基本的公式，它有四个要素：对实物资本的投资、需要更多人力资本的工人（技能和教育）、新技术，以及在创新、创业和努力工作的情况下，将前面三种要素结合在一起的情形。中国经济发展的早期阶段主要是依靠大量的实物资本投资，以及改变对创业和就业的激励方式。但在过去的几十年里，正不断朝着另一个方向转变，即更多的增长来自人力资本、新创新和新技术。

大多数美国人对中国的高速发展是赞赏的。经常能听到美国人羡慕地谈论中国建设城市的速度有多快、高铁系统有多发达。

但他们也有一些担心，我觉得这也属于正常。假设你生活在中国的一个城市，尽管你自己的城市也运转良好，但附近一个城市的人口和经济产出增长非常非常快。你会猜想那个城市是如何做到的，并担心这个城市的增长会不会影响到你的城市，让它发生变化并增加一些成本。

后发是优势还是劣势

"后发优势"是一个著名的术语，来自 20 世纪 60 年代早期的一篇经济学研究论文。它指出，当一个国家贫穷的时候，可以通过向高收入国家销售产品获益，也可以利用其他地方已经掌握的技术来获益。但后发的劣势是国家收入较低，低收入往往和较差的教育、健康、环保、旅游、休闲条件相伴生。两相对比，后发劣势更为重要。

当我理解关于后发劣势的争论时，一个共同的话题是，中国经济的增长伴随着大量能源和原材料的使用，但能源和原材料并非取之不尽、用之不竭的，同时也存在环境成本，中国不能总是以同样的方式保持增长。中国未来的经济增长源需要与过去的增长源有所不同。但这并不是中国独有的情况，对于每个国家来说，经济增长都是一个不断转型和变化的过程。

中国应该如何防范“中等收入陷阱”

如果你把经济规模（GDP）除以人口数，中国现在大约是美国水平的25％。中国经济势头强劲，只要国家继续实行必要的改革，我预计它将以强劲的速度继续增长。在20年或30年内，中等收入陷阱也许会成为一个问题，但我不认为这是中国经济在短期或中期的问题。

但我要指出三个方面。**首先，中国需要“重新平衡”其经济**（正如经济学家所说），使其增长基于更高水平的国内消费，而不是更高的出口或实物资本投资水平。

其次，中国已经成功地建立了一套教育体系，让每个人都能接受九年义务教育，但**现在它需要实现的目标是让几乎所有人都接受12年教育**——同时也要让更多的学生上大学。

第三，中国的金融体系仍需要发展。稳健的金融体系既鼓励冒险又能限制冒险。但中国的一些银行贷款和企业债券借贷业务似乎为人们的担忧提供了理由。

中国或许可以看看那些经过时间检验还相当成功的美国机构和行业，看看是否有值得借鉴的地方。例如，世界上许多顶尖的学院和大学都在美国。美国拥有一些世界上最大的金融市场，这些金融市场为世界各地人民所用。美国有许多世界领先的物流公司、邮政行业。美国经济有一个悠久的传统，那就是许多公司由小公司开始起步，而其中少数会成长为全国性乃至全球性巨头。

基于创造发明开创公司的观念在美国历史上有着深厚的渊源。当欧洲人在北美洲定居时，那时候的情形是有大量的土地和自然资源，但劳动力相对较少。因此，通过创新和使用机器来减少对劳动力的需求很有价值。美国国家专利局很早就成立了，美国历史上就表达了让新公司成长的意愿，即使这样意味着上一代企业将面临困难甚至破产。

我所欣赏的中国企业及企业家

中国有像阿里巴巴、百度和腾讯这样的中国知名企业，但我一直对海尔公司印象深刻。事实上，我的办公室里有一个海尔电冰箱，它可以让我的健怡可乐保持低温。海尔似乎将对高质量的追求与不断改进技术的努力结合在了一起。但我最欣赏的是那些经营小公司、尝试与众不同的人。他们中只有少数人会取得成功，但他们创造的工作岗位，以及所积累的知识和经验，对于保持经济的向前发展至关重要。举个例子，几个月前，我遇到了 Emotech 公司的创始人，这家公司正在开发人机界面，他们试图创造出一种机器人个人助手，这种个人助手可以通过动作和灯光，以人的方式来表达情感。在后续的中国之行中，我希望见到一些经营中小企业的人，而不仅仅是那些知名大公司的经营者。

国企该如何改革

许多国家都有国有公司。举个例子，20 世纪 70 年代英国经济的 10%是国有企业，国有企业的问题是如何在没有竞争的情况下激励效率和创新。例如，政府将公司的效率与其他国家的同行业的公司进行比较，或要求公司随着时间的推移增加服务和降低价格，或允许私营公司与国有企业竞争。当然，如果国有企业一出现亏损，政府就给予补贴，那么对这些公司的激励效果就会降低。

在中国，许多国有企业，尤其是小型国有企业，已经在向私有制转变。我预计这一转变将随着时间的推移而持续。

政府应该掌舵，而不是划桨

美国公司也一直在抱怨与政府的关系！经济学家有句老话："政府应该掌舵，而不是划桨。"这意味着，尽管政府可以划定包括监管和税收在内的总体方向，但企业必须掌握自身运营的具体细节。如果政府试图介入细节，有时一个企业所能做的就是限制它的参与和从这个项目或产品中退出。

大多数美国企业家都非常愿意遵守政府的规定，但他们也会抱怨这些规则似乎不够明确或简单。他们需要花费大量的时间和精力来了解他们需要做什么、怎么做才是遵循规则。即使这样，他们有时也不确定他们是否真的成功地遵循了规则。也会有抱怨说，政府系统并不总是表现良好。例如，学校没有给工人提供正确的教育和技能培训，或者应该改善道路、铁路和交通系统。

下一轮改革中需要注意的问题

在世界经济中，中国仍是中等收入国家。从中等收入国家向高收入国家转变所需的步骤与中国在过去 40 年里已经采取的步骤一样繁多。我不确定下一轮的政策改革会是什么样子，但为了保持中国的快速增长，目前的政策需大幅变化。

过去几年中国政府的一大重点是金融业改革，我也觉得这非常重要。美国和世界经济在 2008－2009 年大衰退期间经历的许多问题都来自金融领域。在中国，银行、保险公司和证券公司的监管正在发生变化。中国人民银行在如何实施货币和信贷政策方面一直在发展。全球经验中的一个重要教训是，当一个经济体的任何一个领域借贷和信贷量大幅上升时，要密切关注，有时这是一个危险的信号。

秦朔:人类史上罕见的中国现象

- 从知识分子到“农民”:创业让我更纯粹
- 创业带来的改变
- 营商环境可以更好
- 中国为什么出不了马斯克?
- 从 20 后到 00 后都在拼,史无前例
- 中国企业家精神如何升级
- 做时代的观察者

他曾是传统媒体的“最后一个看门狗”。20年的总编辑生涯，站在信息链顶端，他饱览顶层风光，惯看秋月春风。

几年前，他离开体制，投奔商海，成了一名新媒体的“创业狗”。创业浪潮之中，他又是最不一样的创业者，不关心数据与资源，不追逐层出不穷的风口与概念，只是费尽心力地读书、研究，以及写作那些并不总是大受欢迎的长文章。

这个狗年，是他知天命之年。他准备潜入一片深海，循着内心的声音，去探究无数人为之好奇的中国谜语的答案。从珠江到黄浦江，从少年到白头，他一路观察与描画着这个国家的肖像。

他心中设定，成笔之日，或在10年之后。

从知识分子到“农民”：创业让我更纯粹

到了我们这样的年龄创业，应该说很多东西想得还是比较透彻的，知道自己最差是什么情况，最差就是靠写字为生的一种命运。

2015年6月我离开报社的时候，吴晓波老师写了《最后一个看门狗也走了》。当时我就和他说自己要致力于商业文明研究，同时尝试做个新媒体。现在这两块工作跟我当时说的都是比较一致的，至于说未来是什么样的其实不清楚，但到目前为止，我对我的工作状态还是比较满意的。

离开一个体制，跟社会重新建立一个联系，通过联系来创造一些价值，这些跟当时设想的没有很大的差异，感觉状态还是比较自如的，当然也有很大的挑战。因此，你需要回到初心。如果只是说非要做得很大、要为了工资，那就又回到了我以前当媒体总编辑的状态。

与那个状态比，你会觉得你没有做得多大，但初心就是要做研究，从这个意义上来讲，慢慢地看到了一些方向。当然这些研究的东西都不可能短期见成效，可能需要 10 年。我当时写了一篇文章叫《十年一诺》，要想把商业文明的历史体系、理论体系、案例体系基本构架出来，我觉得没有 8—10 年的努力根本做不下来。

这两三年，整个中国商业坐标系的原点发生了一些改变，以前大家讲到商业，基本上理解就是技术驱动，互联网、“互联网＋”、“＋互联网”，基本上是这样的模式。

但最近两三年，整个中国商业原点回到了商业跟社会是什么关系、商业跟利益相关者是什么关系、商业跟政府是什么关系、商业跟中国与世界又是什么关系。

在这些坐标系原点的改变中，我发现很多公司的命运就改变了。我在创业之初提到商业文明以及企业家精神的概念，得到了更大的认同，发挥了一定的影响力和作用，我觉得踩的这个点还是比较准确的。

创业带来的改变

我们讲到体制，都会讲体制的一些弊端，比如我们就是一张 A4 纸干部，受到了方方面面的牵扯、约束，效率比较低，自由度没有那么大，包括迎来送往的应酬很多、开会很多。

我们往往会想到体制的弊端，但其实体制也有很多好处和有利的地方。比如对媒体来讲，媒体的本质其实是一个社会的信托责任，不是媒体本身在创造价值，而是媒体在代替那些没有办法到一线的人，去看、去听、去观察，然后消化、反馈，它在某种意义上是起到中介的职能。

体制在这方面有很大的好处，比如解决了信用问题、资源汇聚问题，等等。像我在《第一财经日报》做了 11 年总编辑，从 2009 年开始管整个《第一财经日报》的新闻采编，当时社会方方面面的资源，无论是与政府的关系，还是金融、商业领域的信息都会向你集聚。

每天主持各种会，几百人的记者队伍由你来决定配置，当天的社会关注由你来设置议程。在信息和社会关系交互的过程中，我不断地进步。培根讲，理论是灰色的，生活之树常青。离开这个体制以后，你在这些方面会大大地弱化，也会出现结构性的变化。

所谓大大地弱化，是说你不可能再有这个体系给你的赋能、保护和信用了。

要适应、要转变还是需要一个过程的，说白了以前你坐在最顶端，整天指挥别人，现在全部都是你自己做了。过去指挥别人的时候，还可以拿着《第一财经日报》这块招牌，而且跟方方面面的联络很多已经制度化了，现在则是究竟要干什么、究竟要整合什么资源、究竟要怎么弄都很难说。

我记得我们是 2015 年 10 月 16 日上线的，10 月 15 日晚上搞了一个派对，接着就去工作了。大概 10 月 18 日，我去香港参加环球电子展，背个双肩包、拿个手机在那拍来拍去，跟 90 后一起挤大巴车去采访。以前我怎么会去这种地方？都是下面的记者去。但是我觉得挺好，这时候还有人邀请你去采访。

等于说是从农民开始，跟大家一起去做，然后通过你的内容慢慢地在一部分人中产生影响力。当然这个过程也是很辛苦的，人都有自己的路径依赖、局限性以及套路，有自己不熟悉的东西。特别是我们 60 后，对很多新生的东西越来越不熟悉了，所以这时候你的内容找到一帮传统意义上的粉丝是容易的，但要想日更还是有挑战的。

一周我差不多写两篇文章，经常会觉得吃了上顿没下顿。比如你周六、周日写完了，真不知道周一写什么。有时候周一写的文章是要花一周想的，到周三我就开始神经质了、紧张了，还不知道用什么题目，有时候到周五可能还没想出好的题目来，因为我写得长，要做研究，还是比较老派的写法。

中宣部一个局长说：你这个不是页面思维，还是做杂志时候的版面思维，你这个都是很传统的。它过于传统了，但你已经形成这种基本调性以后，想去改变是蛮难的。过去写的也不少，但都是几百字的随笔，现在是有一定主题和研究性的财经分析了，这其实是有压力的。

当然，压力的另一面也是潜力，你自己也不知道原来不知不觉中已经写了很多东西了，有些方面已经积累了一定的信用，别人开始主动找你去研究、讨论一些问题。

总之，从影响力意义上说，刚刚开始的时候，客观上没有那么好。那时候吴晓波跟我说，百万用户都是指日可待。我到现在（2018 年）也没有，只有 60 多万用户，估计百万用户得到 2019 年了。我们也没有做什么推广，都是自然而然的关注。

我觉得我已经完全适应了身份上的变化，关键还是你要有平常心。我的创业现在想来还是挺开心的，我没有挖一个《第一财经日报》的人，就是临时抱佛脚，弄了一批小朋友一起做，规模搞得很小，就八九个人。这样的话，财务压力就小了，你不用花很多精力去构想商业模式或什么，现在有一些客户投一些广告也就够了。

我自己觉得还是比较开心的，因为从 1996 年我在《南风窗》当副总编辑、副社长开始，就担任了经营的第一责任人。《第一财经日报》一直是我在扛的，第一财经传媒公司从2009年到2013年也一直是我在扛，整天都要伺候客户，整天都要为产品发愁。

一直到我离开，我差不多有20年都在扛经营指标。2008年、2009年我两次生病，一次是肠子、一次是胃，都是因为喝酒（整天陪客户喝酒）。特别是到每年10月份，你要开北上广深四地的推广会，每一场几乎都要喝醉，连轴转透支了身体。

所以我非常厌倦那种生活，挣多挣少是一回事，当然前提是你得比较优雅地活着，除了这个以外，并不是钱越多越好，够了就好。

秦朔朋友圈的商业化程度连我们自己也觉得很弱，还有很多人经常在后台问：秦老师，您给我们弄了这么多都是免费的，您这怎么生存，要不要我们给您捐点钱啊。就有一些这种声音。我觉得还好，这样的话，我才能保证有时间、精力去写文章，也才能保证绝大部分的文章是完全没有任何功利性的想法去写。创业让我的自我表达更纯粹了。

我们也完全没有财务、KPI指标。我跟大家说，三四年内我们都不谈这些事情，我觉得所谓商业文明，基本的体系还没有沉淀，原型还没有出来，专著还没有，这个阶段你没有什么可推广的，也就谈不上开发产品。所以，我目前这个阶段相当于一个游击队，不知道要固定在哪一片山、哪一片水打。

营商环境可以更好

从一个绝对自由的角度来看（绝对自由是合乎法规和公序，这是个大前提，在这个大前提下），目前的营商环境应该是最好的。特别是反腐倡廉以后，我碰到了很多的企业家，他们再也不用天天想着要给谁送礼，端午节、中秋节、春节跟领导吃饭都不好排。

我觉得从这个意义来讲，现在企业家受到的非市场化的打扰和干预是最少的。不管像我老家的三线城市，还是上海、北京等一线城市，从法制化的保障等方方面面来看，毫无疑问，目前的营商环境是最好的。

但从一个相对自由或一个边际改善的角度来说是不是最好的，我个人觉得总体上可能不是最好的。

如果他原来自由只有一点点，多给他一些的时候，他的感觉会非常明显；当自由已经很多的时候，如果边际上只有一点点的改善就很不明显。如果说这个过程中还有结构性的不确定，他的感觉可能反而更弱了，因为自由越大以后，他对自由完整性的理解、确定性的要求都在提高。

从这个意义来讲，**什么是好的状态？是大家对未来特别有向往，看到未来的空间特别大，而且没有什么束缚，自己的可能性、可为的地方都特别远大**。从这个意义来讲，完全不能说现在是最好的，还有空间。

比如说一些国有企业的企业家可能有20世纪80年代的记忆，因为那时候不断地松绑。从1979年国有大中型工业企业自主权的扩大，到后来的承包制等，原来是完全捆着的，现在给那么大的空间，而且企业家的地位也蒸蒸日上。

机关事业单位里有些人可能怀念1992年以后下海的浪潮。还有一些年轻创业者，觉得现在BAT的集中化程度越来越高，他可能会怀念21世纪初期。

现在大企业反而成长快，利润高，小企业本来应该成长速度更快，但其实不是。尤其目前社会上还有一些偏左的声音，认为中国社会贫富分化的问题好像是企业家造成的。

现在有些人心里不定，有一位企业家跟我说：我跟你打赌，打定主意要做基业长青企业的比例是下降的。这种比例降低并不意味着他不干了，没这个打算了，他也在打算，日常也在做，但他有另外一些谋划、一些布局了。从这个意义上来讲，现在的营商环境就不能说是最好的，还有改进的空间。

国有企业、非国有企业之间的不平衡，我认为也是很突出的问题，国企民企待遇差别还是很大。民营企业在信用、抵押等方方面面都无法得到与央企一样的待遇。

现在很多项目，如PPP的项目、很多比较好的政府开发的项目，都给国企、央企。这种不平等可能还会加剧，也可能会结构化（固化），好像越来越是天经地义。

我觉得根本的问题还是关于企业家方面的顶层设计在有些方面不是那么清楚。比如说国有企业，我们现在是否过度地赋予这类企业更高的政治地位，像这样的定义方法，我个人认为是有问题的。

应该说所有在中华人民共和国注册的中国企业，都是中国共产党执政的基础。但现在的情况是，什么地方资源配置更加符合市场化方向或民营化方向，像深圳、浙江、江苏、福建等，这个地方就越富有，就越国泰民安。

因为老百姓很简单，就是为了过上美好生活。问题比较多的地方就是国有企业比重非常高的地方，像东北就很典型。我们不是反对国有化，而是希望更加多样化、多元化。

中国为什么出不了马斯克?

国企改革应该从管资产转向管资本，主要是资本形态转变。但现在有个倾向是越管越细。

之前跟张瑞敏一起聊，为什么20世纪90年代青岛出了一批好品牌？有一个原因是，当时俞正声（时任青岛市委书记、市长）说，就管着企业负责人一个人就行了，当时的市委组织部长说党委委员都得管，俞正声就说不要那样。

你看现在管得多细，现在对一个企业具体人事的干预越来越多了。我觉得这是偏离了市场化的管理。应该主要管资本，什么样的行业资本应该是要加强的，什么应该是推动退出的？有更好的资本实现形式我当然要退出，像马斯克“猎鹰火箭”成功发射就是很典型的案例。

我相信未来有一天从大历史的角度来看，中国改革开放的40年，包括接下来的40年，可能有些中国企业家的地位被低估了。从一个新型市场崛起的角度来说，中国现在有很多企业都是实验期的企业。像房地产，中国有三个房地产公司销售额突破5000亿元了，你敢想象吗？1999年，郁亮当万科总经理的时候，万科的销售额才20亿元，现在2000多亿元了。

所以，**巨大的中国市场，加上中国人的勤劳，一定能够出现很牛的企业。凡是国家放开的，让企业自由进入的这些领域，都可以创造出很大的契机**。比如做火箭的民企，只要政府给它一定的扶持、支持，它肯定比国有体制里的性价比好多了；比如做卫星、做军工设备，真的让民营企业进入的话，绝对能搞好。

现在有大量的产业，也是过去国家不让进入，由国有大中型企业统治的，后来让民营企业进去做，都能搞得很好。凭什么说中国企业家不可能，都是有可能的。

那么为什么会在乔布斯、马斯克这个层级有一定的距离，我觉得跟创业制度设计有关系。自由进入（一些行业）还是有困难的，当然也有文化的因素。我一直觉得美国整个的文化，其实包容是重于卓越的，或者说包容是重于成就的。因为美国的价值观很多元化，对于他们来说，挣钱是一种成就，也有很多别的成就自我的方法，不像中国这样过于功利化、过高推崇财富。

而伟大的东西往往是包容性的副产品，因为包容，有很多可能是错的、可能会出事的想法被允许和鼓励，这些想法可能有极度的创新，它不走寻常路、打破你的常规。为什么马斯克这种人十几年前就想到要移民到火星去？他想的是人类的问题，他能想出这样的问题，这从商业角度来看是很不理性的，但美国社会包容，让这种人有生存之地。

中国社会是成就重于包容，我们都是看中出人头地、看中排名、看中地位，而对很多东西的包容度还不够。往往就是这样，像马斯克也没有天天念着要成为第一、成为超级富翁，但最后可能自然而然就水到渠成了。

我们都往这个地方想，最后肯定就急功近利了，对中长期的投入不够，而且很难有极度颠覆性、创造性的东西。并且这个东西有时候跟财富没有关系，马斯克的财富在中国的富豪榜上也排不上多靠前，但你有那么多钱，你不会有像他这样的想法，因为你可能会去想这个是什么商业模式、这个怎么去挣钱。我们就是太急功近利了。

从 20 后到 00 后都在拼，史无前例

从整个民族性来讲，我们肯定是更加勤奋的。但也难说，像马斯克当年写代码的时候也是一天 24 小时。

我们有华为的毯子文化，人家也有车库精神，硅谷也有硅谷不眠夜。我们中国学生学习很累，美国学生压力也很大，他们很多大学生都是贷款上学，晚上做作业有的时候也到三四点钟。但总体上华人是比较勤奋的，因为注重现实性，他不休息、不把生活看得那么重。

我觉得很难得到一个结论，即美国企业家一定没有中国企业家勤奋。另外，要知道，美国很多企业家工作时间可能更长，很多人没有退休问题，中国很多企业家到一定年龄就觉得该退休了。

像任正非就很不高兴别人问他退休的事。有一次我们见到他的时候，他说："我去美国，我有一个美国朋友自己开着私人飞机来接我，而且他一天还做 50 到 100 个俯卧撑，都 80 多岁的人了，凭什么我现在要考虑退休问题。"

当然，从整体上来讲，我觉得中国的创业浪潮、创业精神的旺盛程度可能是史无前例的，1920 年以后出生的褚时健一直干到离世，郭鹤年是 1923 年出生的，他现在还干着呢。

从 20 后到 00 后，这样普遍的创业、创新状态，在人类历史上是罕见的，主要原因是前面断了几十年。柳传志也是 40 多岁才开始创业的，四五十岁开始创业的有很多。

中国企业家精神如何升级

我一直认为，从企业家血脉的角度讲，某种意义上，我们的企业家往上没有溯源，我们今天要么是沿用西方，沿用法国 EMBA、MBA 那一套，要么是白手起家弄起来。

事实上，中国民族资本主义工商业从 1870 年开始(洋务运动)，把工业化和国家富强、救国结合在一起，特别是出现了张謇、卢作孚、范旭东、张之洞等企业家。我是比较推崇范旭东的。(与过去的这些人相比，现在)确确实实还是有一些差距的，这差距不是指商业创新才能，而是一种价值底蕴，或者一种精神气质。

那个时代的一些人，士大夫、知识分子的气息更浓厚一些。从这个意义上来讲，很多很成功的企业家，其实在文化知识底蕴上，包括价值观的坚持上，还是有很大缺失的。

我认为实践是最重要的，我相信这么伟大的中国商业实践中，**中国的企业家会用自己独特的话语来表达中国的企业家精神，而这种精神放在全世界来看，都无愧于任何一个企业家群体**。

第一，魄力很重要。

在西方语境里，魄力更多是指打破原有的商业模式和常规，像马斯克、乔布斯都是很有魄力的。中国的企业家也是非常有魄力的，譬如褚时健。

他 1979 年当厂长，1982 年就被严重党内警告，因为他把计划烟的指标卖给了广东商人，广东商人可以给他外汇券，这样他可以进口一些设备，当时国家是不允许这么做的，都是专卖、专购系统。这其实是一种违法行为，那么你敢不敢挑战那种体制，你有没有这种魄力？所以企业家的魄力是很重要的。

第二，伟大的企业家是以企业为载体的发明家。

马云就是很典型的，他的做法很符合坦克战理论，对于电商、金融、云、物流等，他有很好的想象力。像马明哲都 60 多岁了，他管理的平安现在对标的是世界五大互联网公司，他要把平安变成一个科技公司。平安已经运营 20 多个新业务了，每个新业务马明哲都要自己想清楚模型、逻辑，然后才交给别人去干。所以，他某种意义上是个发明家，想到了一个模式，就去把它发明、创造出来。像张瑞敏的想法，伟大的企业家是创造平台和机制，让更多的企业家冒出来，这么做不是凸显自己，反而是消灭自己。他是想要创造一个机制，让人人都是 CEO，让这种人能够诞生出来。

我觉得我们今天对于中国本土企业家的总结是非常不够的，我们用西方 18 世纪到 20 世纪的框架来看中国企业家的实践是不行的。因为**当下中国企业家面临的问题是转型，是转轨，如果没有强烈的敢于抗争、敢于从夹缝中脱离出来的精神和魄力，根本不可能取得成功**。

第三，要有超级想象力。

中国是个巨型的市场，这是全世界 N 多个市场加在一起的综合。如果没有超级的想象力，还是陶醉于以前的小成功，就很难走向未来。过去很多人觉得一个公司做个几千万元、几亿元、几十亿元就不错了，而没有去看一看，这是个如此巨大的市场，当你觉得 20 亿元不错的时候，其实前景有可能是

200 亿元、有可能是 2000 亿元，它其实对想象力的要求非常大。

我觉得在中国这样一个土壤里，会有我们对企业家精神新的诠释，甚至可以丰富全世界对于企业家精神的理解，包括政商关系的准确拿捏。

最后，我觉得还是要回到法治和市场化，更多相信市场、相信企业家。与此同时，我认为还是要有必要的监管机制。

我的基本想法是政府、企业市场、社会文化心理为一体，这三者之间永远不能让一种力量变得超级强大，还是要保持一个恰当的平衡。

做时代的观察者

我内心深处最大的志愿是，一定要用几年的工夫，把我最关心、最沉迷的核心问题讲清楚，说白了就是中国道路的探索，或对中国谜语的解答。

不同的人用不同的方法去解答，我选择的方式是善用企业家精神，从这个角度以结构化、体系化方式阐释这个问题。其实最后是你要解决自己的问题，你解决得了，你睡觉就特别安生；解决不了，就觉得这件事未了。特别是你走到半途的时候，就是很迷茫的时候。

对于我来讲，我的创业核心是创作，这个创作的核心其实是解决一个自我时代认知问题。我现在在内心深处并不关心点击量和评价，我都已经不考虑这些了。

我觉得我们作为 60 后，接受了 20 世纪 80 年代的教育，见证了过去几十年中国的发展，而且我们自己很确切地知道中国今天发展取得的成就，以及这些成就背后的经验和教训是世界级的、历史性的，作为具有这样的出生、背景、学习道路的人，你会有一种愿望，希望自己能够很清楚地把这个时代的变迁，用你很喜欢的方式很清楚、明白地告诉自己，这是怎么一回事。

因为太多人在这里面是创造者。但这个时代还需要有一些人去观察、总结，如果你自己都不能自圆其说、都不能说服自己，我觉得是虚度了这样一个时代。

对于我来讲，能够献身于创作，已经是件很幸运的事情了。

第三部分

营商环境：亲与清

政治家与企业家或许是驱动一个社会前行最重要的“双轮”。在政治风气愈加清明的当下，如何解决公务员阶层的动力问题？如何亲而有度，清而有为？如何真正干在实处，走在前列？

各级官员的探索和实践是在为现实破题，也是在为更好的未来探路。

导 语

▶景俊海：用倒计时心态，把营商环境做到全国最优

企业家都是善于闻味儿的人，不光闻企业员工的味儿，也闻政府官员的味儿，哪怕是穷山恶水，只要是真愿干事、真会干事的官员在，他们便会循味而至。

就当下而言，如何驱动公务员实心做事、认真办事、大胆担事是一个现实难题，各地主政官员都想办法出招破解，吉林省省长景俊海的方法是“荣誉股份制”，让人眼前一亮。

如果一直都是“闯了祸是孙悟空的，取了经是唐僧的”，那么，公务员阶层的成就感、幸福感从何而来呢？景俊海的探索，值得认真研究、借鉴。

▶王晓东：打造“营商环境第一县”

县级官员或许是体制内最辛苦的一群人，工资低、压力大、任务重。

我与庆云县委书记王晓东见面数次，对他的压力、委屈、冲劲与豪情，感知颇深。

透过他的自述，可以看到理想与现实的冲撞，过去与未来的交响。

景俊海：用倒计时心态，把营商环境做到全国最优

- 营商环境好了，东北就有希望
- 用“荣誉股份制”点燃干部激情
- 想要发展市场经济，就必须善待企业和企业家
- 吉林的冬天不太冷，干活的人顾不上冷
- 人是最关键的发展要素
- 向苏沪浙粤学什么
- 学第一，做第二
- 打造“诚信吉林”“法治吉林”

景俊海是陕西白水县人，10年高校教师生涯沉淀之后，走上从政之路。西安高新区是他的起点，1992年9月，32岁的景俊海正式成为西安高新区管委会项目开发部主持工作的副部长，次年担任部长。当时的高新区还在规划中，只是一片5平方千米的农地，“我们是在一片农田的泥泞之中冒雨奠基的。那时，我们只有10万元的启动资金，人员只有十几个”。后来成为高新区主要领导者的景俊海带领团队夜以继日，苦干数年，一路向前，如今的“西高新”不仅是陕西省最大的经济增长地，也成为中国科技创新能力最强、科技创新服务体系最完善的国家高新区之一。

忆往昔峥嵘岁月稠。那段激情燃烧的岁月很苦很累很紧张，却也是最快乐最美好的一段时光，景俊海后来曾说，“我把一生中最美好的光阴留在了高新区”。曾经有当地媒体披露，当时为了争取美国美光半导体项目落户，他曾一年三次赴美光总部；总投资300亿美元的三星半导体项目，也是在他任陕西省副省长时打先锋引进的；在陕西省副省长任上，为了招商引资，他曾一口气会见5家外资企业，把翻译都忙得晕了头，对着老外说中文；而一天参加十几个活动，连续开好几个会议，对于他来说也是很平常的事情。长时间连续高强度的工作，让他鲜有个人时间，景俊海的父亲去世后，他曾惋惜地对朋友感慨，参加工作这么多年，总想找个机会陪父亲出去转转，一直没有时间，这是永远的遗憾。

2018年初，景俊海开始主政吉林，吉林是景俊海视为第二家乡的地方，事实上，他已准备在这里“战斗到底”。15年前，国家“东北振兴”战略出炉，这些年黑土地上发生的变化其实并未达到人们的预期。作为一个“理工男”出身的实干型领导者，景俊海到来后，也很少发出“敢叫日月换新天”这样的豪言。但履任未满一年，这个省的不少民众却已经看到很多实实在在的变化和希望。特别是一些企业家，感知到这是一个实干型、创新型的领导者，已经循味儿而来，在此筹划新的事业愿景。

他身边的人告诉我们，2018年初至今，景俊海亲自参加的招商引资活动已将近100场。而在2019年初，《吉林省优化营商环境条例（征求意见稿）》正式颁布。

尽管东北沉疴由来已久，眼下推进深度改革，挑战更甚过往，景俊海却决意要带领团队让这片曾经辉煌和贡献突出的土地重新成为一个美景与礼仪常在、财富与希望涌流的地方。“我做事的时间不多了，按照部级的退休年龄计算，再有7年就做不成了，所以我要珍惜。我就想再回一次‘开发区’，再来一次激情澎湃的创业，让吉林及早呈现一片朝气蓬勃的发展局面。”他对其老朋友、正和岛创始人刘东华说。为了汇聚更多优秀企业来吉林，2018年下半年，他已三次同刘东华会面，商议相关事宜。

而在刘东华眼中，眼前这位一省之长是今日中国“最具有企业家精神的政治家”之一。这位58岁的创业者、学者出身的变革者、吉林发展的推动者，能在冰天雪地里，做好一篇火热豪情的大文章吗？

我们期待着。

营商环境好了，东北就有希望

党的十八大以来，习近平总书记对营商环境的建设是极为重视的，因为营商环境一旦被破坏，最先受到影响或者说影响最大的一定是民营企业。习近平总书记关于营商环境的重要讲话和指示批示精神，实际上也是习近平新时代中国特色社会主义思想的重要组成部分。2018 年 9 月 26 日，习近平总书记到吉林视察，在深入推进东北振兴座谈会上专门强调，要以优化营商环境为基础，全面深化改革。习近平总书记指出，**我国实行的是公有制为主体、多种所有制经济共同发展的基本经济制度。党中央历来支持和鼓励民营企业发展，党的十八大以来党中央出台一系列扶持民营经济发展的改革举措，民营企业要坚定信心。要坚持“两个毫不动摇”，为民营企业发展营造良好的法治环境和营商环境，依法保护民营企业权益，鼓励、支持、引导非公有制经济继续发展壮大**。①

但东北经济由过去的高速增长到如今的发展减缓，也是不争的事实。为什么会这样呢？很重要的一个方面，就是人才和企业的外流，究其原因就在于东北的营商环境与南方的省市相比是有差距的。毕竟，东北过去长期受计划经济的影响，是一个计划经济体制色彩很浓的地方，向社会主义市场经济过渡花费的时间也比较长。

那么，东北地区为什么会滞后于时代的脚步呢？一方面，是因为计划经济时期东北经济太强了，所以，当别人摸着石头过河的时候，东北始终在观望等待，不愿意冒这个险，等人家摸着石头过了河，甚至在河对岸跑得很远了，东北才醒悟过来。但这个时候，它的营商环境与东南沿海相比已经产生很大的差距了。

另一方面，东北地区是典型的人情社会。在东北不管办什么事，大家第一想法就是去找人，没把功夫下在改善营商环境上。本来一件可以通过正常审批手续办理的事情，都想通过找人或者其他渠道去办，不仅搭上人情不说，

---

①《习近平：以新气象新担当新作为推进东北振兴》，新华网 2018 年 9 月 28 日。

成本还可能提高好几倍。

现在我们在着力营造“只跑一次”的办事环境，目前在放管服方面的力度大大加强，努力打造遇事不求人、规则无偏见、投资有商机的良好环境。

现在，在省一级的层面我们已经做到了97.6%，明显高于国务院提出的“到2019年底，省级政务服务事项网上可办率不低于90%”要求。这个当然只有我们自己说也不行。在2018中国城市营商环境质量报告中，吉林省长春市的位次前移了5位，这就是一个明显的变化。我着力抓的有这几件事：

一是简政放权。坚决取消没必要的审批和证明，该放的权力放到位，不该管的审批、鉴定、检验、证明等，该取消就取消，必须保留的要放到离企业、群众最近的地方，方便快捷办理。我们下了很大力气，取消省级审批事项1113项、下放75项，取消下放比例达30%。现在有的企业到吉林投资，3天之内就能完成要件审批，最快20多分钟内可以自助办理拿到执照，创造了“吉林奇迹”，体现了“吉林速度”。同时，我们还在打造“只跑一次”升级版，进一步创新创优服务方式，争取拿出更多能感知、有温度、见效果、高质量的服务措施。

二是降本减负。吉林地处东北腹地，如果在用地、用电、物流等方面没有优势，就很难吸引投资。因此，我们争取在政策允许范围内，最大力度降低要素成本和各类制度性交易成本，落实好减税降费举措。2017年以来省政府先后公布9个清费减负通告，推出减免涉企收费措施72条，减轻企业负担270亿元，让企业轻装上阵，参与市场竞争。同时，建立顺畅的融资服务机制，研究组建省级政策性救助基金，着力解决企业融资难融资贵问题。

三是汇聚“吉人”。吉林振兴发展，关键要靠企业、靠企业家、靠吉林人和以吉林为家的人。春节期间，我们组织了“吉人回乡”就业创业合作发展座谈会，邀请了很多“吉人”“吉商”回来共谋发展，效果很好。据不完全统计，截至

2018年底，已经有8.6万名"吉人"返乡创业就业。前两天，我到集安浅湾村调研，遇到了从北京返乡创业的孙继春夫妇。他们原来在清华同方工作，两口子年薪加起来近100万元，回到故乡后，搞起了民宿旅馆，生意非常火爆。这就是一个信号，说明会有越来越多的人才从压力大的一线城市回到山水秀美的家乡故土。下一步，我们将大力发展民营经济，精准提供服务和环境供给，对企业家，既要"亲"，也要"清"。"亲"就是政府服务企业做到贴心、耐心、细心、热心，"清"就是彼此清白，君子之交淡如水。我们要当好企业的"好帮手"，上门服务、解决困难，打破各种各样的"卷帘门""玻璃门""旋转门"，给企业更多、更好、更能盈利的投资创业机会。

总的来说，我对当前和未来吉林营商环境的改善还是充满信心的，我们既然请企业家到吉林来投资，就得对企业家负责任。我也相信，在我65岁退休之前，一定能推动建立一个"亲""清"的新型政商关系，吉林一定会拥有一个良好的营商环境。企业在这儿发展，大家可以放心、安心、舒心。

用"荣誉股份制"点燃干部激情

我认为，一个人的正确价值取向，应该是通过自身持续不断的努力，在为人民服务中作出贡献体现自身价值，而不是只想着能从中获得多少私利；是通过担当干事、体现自身价值来获得快乐和幸福，而不是想着挣大钱、当大官来获得快乐和幸福。

当一个人把干事、干成事当作快乐的时候，一生会得到无数快乐，因为每做成一件事就会快乐一次，只要努力，一辈子就会做成很多事，就会获得无限的快乐。当我们贫穷的时候，会觉得金钱很重要，因为金钱能买房子、汽车等等，满足生活需要，但当拥有这些东西后，金钱的作用就大为衰减，甚至有可能金钱越多人越不快乐。

人的快乐和幸福要通过实现自身价值来获得。对各级干部来说都是如此，不是当了多大官就会获得多大快乐，党和人民提供了这个平台，主要是让你发挥作用。平台越大，干的事越大，获得的快乐也就越大。如果不做事，可能压力会更大。所以，**当官就要做事，做事才能体现你的价值**。

其实企业家也是一样的，通过不停地做事来体现自身价值，为什么企业家要不断地挣钱，就是因为这样才能打造更大平台，平台越大能体现的价值越大。企业家有时候会捐款几千万元甚至几个亿，为什么呢？因为捐款后会觉得心里舒服，觉得自己帮助了很多人，在为人民谋利益，是一个对社会有益的人，一个能够为社会创造价值的人。

所以官员也好，企业家也好，其实都要通过做事实现自身价值来获得快乐，要知道如何实现自己的价值，要明白人生的价值就是为社会创造价值。

就像大家一起做蛋糕，等蛋糕做大了，一部分给你，一部分给人民，大家都可以拿到。如果蛋糕做不大，你就算挤破头也只能分到一点点。我们不能要求每个人都要有奉献精神，但领导干部必须要有这种精神。明白这个道理，就会更加自觉、主动去为人民办事。

2003年我在西安高新区推行“荣誉股份制”，就是一件事情要让大家都参与进来，努力做好，然后一同分享成功的喜悦，这样每个人都能切实感受到自己在这件事中所作的贡献，心里自然高兴。

我也总给我的同事讲，大家在总结工作时一定要多说几句话，和大家好好聊聊谁在这件事中是干得不错的，是有功劳的，这样能产生干事的动力，因为大家会觉得这件事能成功有我的一份贡献，会感觉很有光彩。

尤其是当我们实现全面小康的奋斗目标以后，大家对荣誉感会看得更重。新时代的社会主要矛盾是人民日益增长的美好生活需要和不平衡不充分的发展之间的矛盾。人们在这个阶段更为看重的一定是荣誉感和成就感这种精神层面上的东西，并将其作为对美好生活的追求。

为什么把我们从事的工作叫干事业？干事业又是为了什么呢？其实就是为了要不断地创造价值，有获得感、成就感、价值感，甚至是崇高感，要证明我们是有用的人，是对社会有贡献的人。

想要发展市场经济，就必须善待企业和企业家

我想和企业家们说的是，吉林现在真的是在实实在在地做着一切能服务于企业的事情。就我自己而言能做事的时间也不多了，再有 7 年就要退休了，所以我很珍惜现在还能做事的时间。

习近平总书记强调东北振兴是全面振兴，全方位振兴。要振兴就需要开发，所以在这个有着良好机遇的时间节点上，我也有信心推进吉林的开发建设工作。

对于那些盯住网线、不越红线、守住底线的企业家，我们一定会尽全力地进行保护，同时进一步落实“荣誉股份制”，激发各级干部为企业服务的动能。

企业是市场的主体，想要发展市场经济，就必须善待企业、善待企业家。政府必须要爱护企业家，必须要为企业的成长创造良好的环境。只有企业健康了，我们的经济才会发展，我们的社会才会健康，一旦企业都不健康甚至倒闭了，那就会出现严峻的社会经济问题。比如，企业倒闭就会造成大量失业，百姓的收入就会下降，人们的幸福指数就会受到影响，所以我们支持企业是站在整个经济社会健康发展的角度来考量的。

抓市场经济，不抓企业还能抓什么呢？我之前就特别强调过，我说我们制定的所有经济政策、要开展的所有经济工作都要和企业见面，只在政府系统内部循环而不和企业见面的经济工作是没有意义的，也不会有太好效果的。包括民生工作也一样，我们必须要和老百姓见面，不和老百姓见面，只在政府发文件，在政府系统内部循环，这也是没有意义的。任何想要取得真正

成效的工作都不能在政府系统内部循环，一定要和企业见面，要和老百姓见面。

从吉林省来看，民营企业在数量上比重已经超过 80%，在经济总量中超过 52%，税收方面也超过了 67%。可以说，近年来本省民营企业实现了较快发展，甚至在一些领域超过了国企。

对我们来说，无论是国企还是民企都要支持，具体支持谁呢？就是那些龙头企业，龙头企业日子好过了、发展起来了，企业所在的产业生态系统就会向前发展。围绕这个产业生态，我们会为每一个产业体系中的龙头企业提供扶持和帮助，还要大力支持产业体系中具备成长型特征的企业、关键节点企业和创新企业。

经济工作一定是扶强、扶优、扶快的，毕竟经济工作的中心就是要发展经济，所以那些基础好、规模大的企业，那些规模小但发展快的企业，那些刚起步但符合未来发展趋势的企业，都是我们的支持对象。

遇到那些未来发展前景看好但一时有困难的企业，我们也会支持。但那些本该淘汰的落后产能还是要坚决淘汰的，失信企业也会遭市场淘汰的，一个健康的企业与产业生态，对经济发展是有利的。

吉林的冬天不太冷，干活的人顾不上冷

由高校教师转入仕途，一路走来，离不开中央的信任和培养。回首这些年来的工作历程，如果说做了一些工作，也主要是贯彻落实党中央、国务院各项决策部署。

关于我的精神动力源泉，一是对以习近平同志为核心的党中央的绝对忠诚。党的十八大以来，我们取得了历史性成就，关键是确立了习近平总书记的核心地位。进入新时代，我们还要进行很多伟大斗争。作为一个领导干

部，必须增强“四个意识”，坚定“四个自信”，切实做到“两个坚决维护”，听党话、跟党走，时刻对标对表、狠抓落实。中央派我到吉林工作，我每天考虑最多的，就是如何确保党中央、国务院各项决策部署在吉林落地生根，如何推动吉林早日实现全面振兴、全方位振兴，任何困难也要攻克，任何时候都不敢有丝毫懈怠。而且在吉林工作近一年，我已经深深爱上这片土地，早已把吉林当作了家。**吉林振兴发展的重担在肩、使命在心，我必须全力以赴，能够作出一些贡献，无疑是值得骄傲的，若是碌碌无为，那肯定将抱憾终生。这也是我的一点“家国情怀”吧**。

二是全心全意为人民服务的根本宗旨。始终与人民在一起，一切为了人民，是中国共产党始终不渝的初心。对我们来讲，百姓的笑脸就是最大的肯定。西北和东北，都属于中国经济欠发达地区，我作为领导干部，任何时候不能忘记初心，总要为老百姓做些事，把人民群众对美好生活的向往放在心里，并作为奋斗目标。只要人民群众过得比以前好了，笑容多了，就是对我最大的鼓励。在工作中，我非常关注“三大攻坚战”，就是因为脱贫攻坚、生态环境、防范化解重大风险，与群众生活息息相关。我常讲，脱贫攻坚必须“不落一户、不落一人”，把任何一个人落下了，都不是习近平总书记讲的“全面小康”。还有就是空气污染问题，2018 年下了大力气，重点解决秸秆露天焚烧，通过多种渠道推动秸秆综合利用，运用卫星监测和铁腕禁烧等手段，使长春市等地空气质量连续保持了 110 多天优良状态，这是有记载以来同期最好水平。事实证明，只要下心思、真用力，就一定能给群众一个满意的答卷。

三是务实干事就是快乐幸福的理念。衡量一个人的能力，不在于他有多少钱、有多大权，关键是要看干了什么事，干成了什么事。我一直认为，**把事情一步步做成，是最有意义的事、最快乐的事，要把好事做实做细做彻底、办好办实办下去**，这正是我内心的呼唤，也是鼓舞我做好工作的精神动力。

在外界的印象里吉林一直是一个很冷的地方，但我认为吉林真的没有人们想象中的那么冷，因为那些干活的人是顾不上冷的，人只有在无事可做的时候才会觉得冷。

为什么我们在干活的时候要卷起袖子来？就是因为越干活血液循环越快，我们就会感觉到热血沸腾，需要卷起袖子散热。所以人在干活的时候，内在热量和能量都会被调动起来，即使外面的温度很低，但身体也不会感觉太冷。

我来到吉林近一年的时间，干部队伍和企业家群体激情满怀、踏实干事的氛围越来越强烈，而且我相信这个能量还会传导下去，等到全省都被这样一种氛围所环绕的时候，吉林的发展就到了一个更高的层次了。

人是最关键的发展要素

吉林全面振兴、全方位振兴，要靠“人”这一关键要素来实现。2018 年 4 月，我在《求是》杂志发表了一篇署名文章，指出**人是最活跃、最持续、最有效的发展要素，是支撑经济社会发展的第一资源，要用“人”兴引领振兴，以站在高山之巅的高远视角、以求贤若渴的迫切期待、以爱才育才容才用才的优良环境，聚天下英才促东北振兴**。

我们是这么说的，也是这么做的。我们在全国率先推出了 18 条人才政策，召开了“吉人”回乡创业就业合作发展座谈会、“吉林籍人才返乡就业创业——引凤归巢助力吉林振兴”等一系列活动，一批优秀人才来吉林发展，回馈桑梓，“大雁南飞又归巢”的趋势正逐步显现。现在北上广等大城市生活成本很高，买房子成为一大难题，相信会有更多的人才特别是吉林籍的人才，会选择到吉林这样天蓝树绿、充满幸福感的地方生活。

下一步，我们将研究出台更积极、更开放、更有效的人才政策，为优秀人才搭建广阔的事业平台，帮助他们解决工作生活中的实际困难，聚天下之英才，谋振兴之伟业。

向苏沪浙粤学什么

苏沪浙粤等发达地区成功经验中最根本的一条，就是始终坚持解放思想、大胆创新、大胆开放，用思想大解放推动经济社会大发展。吉林与这些地区的差距，表面上看是发展的差距，实质上是思想观念上的差距、敢闯敢试上的差距、开发开放上的差距。吉林想要全面振兴、全方位振兴，首先要“走出去”，融入新格局、打造新世界。因此，我提出了开展“五个合作”，即全方位对口合作、多层次战略合作、紧密型专业合作、前瞻性共建合作、开放性国际合作，通过大张旗鼓地开发开放，乘势扬帆，借船出海，用“大开放”带动经济发展“大跨越”。

我们开展了“央企助力东北振兴·建设美丽吉林”“百家上市公司吉林行”、第三届全球吉商大会等90多场对外招商经贸活动，取得了很好的效果，共签约近300个重大项目，已经有52%的项目落地开工，打破了“投资不过山海关”的论断，而且这些项目质量很高，对产业结构调整、转型升级起到巨大推动作用。

学第一，做第二

习近平总书记2015年来吉林视察时对吉林提出要走出振兴发展新路的要求。新路在哪里？新路就是和过去的不一样，能不能再造新的优势，这恐怕是我们要面对的问题。新路要靠我们探索，不是封闭的，是开放的探索；不是靠一家之力，是靠和周边的合作，和京津冀、长江经济带、粤港澳大湾区互动的合作；是要在东北亚地区把几何中心变成一个聚集的中心、变成一个辐射的中心。一定要抓住东北亚局势变化的这个当前最有利的优势，我到俄罗斯、韩国访问过，中朝所有的边境线、边界市也全走过了，对情况了解得比较深入，也有一些系统的思考。

核心是要深化改革，扩大开放。改革方面，我们要不断出台政策，因为要与时俱进。越是讲精准，越是要不断变化，只有不断变化，才能越来越精准。所以，我们政策要不断调整，思想不解放不行，认识不深刻不行，办法不多不行，招不实不行。

你又不可能啥都聪明，所以向老大学习，跟上老大的步伐。我跟我们吉林的同志们讲，我们各方面不当全国第一，但是一定要当全国第二，哪个地方出现东西了，人家成了，拿来学，立马照办、立马落地，你方方面面都是第二，最后算下来你可能就是第一。你方方面面争第一，最后可能当先驱了，那个代价太大了。所以，对标广东、深圳，包括上海、江苏，盯着它们，有什么好东西拿过来在我们这儿进行优势集成，这样就发展快了。

我有改革开放这个情结，因为我长期在经济欠发达的陕西工作，我在西安高新区待了 17 年，省政府待了 5 年。在西安高新区我一直管招商引资，紧抓不放，到了省政府，我一直抓开放型经济。陕西由西部大开发前的经济总量全国第 24 位，到现在的全国第 15 位，成效显著。它比我们只多了 1000 万人口，它是 3800 万人口。所以我知道一个经济欠发达的地区、一个经济落后的地区怎么崛起，不是没有希望，因为我们有很好的教育基础、科技基础、工业基础、农业基础，还有自然生态的条件。

打造“诚信吉林”“法治吉林”

诚则聚，信则兴，这是千古不变的道理。“法治吉林”和“诚信吉林”不能空喊口号，要在落地见效方面做真功、求实效。特别是要破除吉林长期计划经济体制影响下的惯性思维和体制束缚，让讲诚信、讲法治形成新风尚，成为竞争力。重点从三个方面发力：

首先，政府做好表率。政府不仅要讲法治，还要讲信用。我们作出的承诺一定会兑现，不会新官不理旧账。不能说这个人在这个地方任职，这块工作就能管好，一旦这个人调整了，这块工作就做不好了，这是不行的。2018年我们制定出台了《吉林省人民政府工作规则》，专门强调了诚信和依法行政，为权力运行戴上"紧箍咒"。在全国各省政府诚信建设评比中，吉林省排名位于第一序列。

第二，用好信用数据。我们利用信用信息数据共享平台，整合各类市场主体信用信息约2亿条，为全省30多万家企业建立信用档案。是全国第15个完成社会信用代码制统一任务的。通过大数据和云计算，建立健全诚信红黑榜，完善信用信息数据库，把信用逐步覆盖到社会每个角落。

第三，落实奖惩措施。我们已经建立了信用"四张清单"（守信主体范围清单、失信主体范围清单、守信联合激励清单、失信联合惩戒清单）。今后在吉林，信用不好的人可能买不了机票、车票，办事也办不成。这样真正让讲诚信的社会主体畅通无阻，让失信的社会主体寸步难行。

王晓东：打造“营商环境第一县”

- 我对企业家的了解，也是与时俱进的
- 现在要提倡服务的3.0
- 政商其实是一个共同体
- 志于道德者，功名不足以累其心
- 动力来源于责任感
- 我这一届干不完你接着干
- 去私欲，存天理，致良知
- 找到跟群众对话的渠道
- 最期待的改革突破

王晓东是山东省德州市庆云县的县委书记。这是一个地处鲁冀交界的小县城，人口只有30万人出头。在王晓东履职后仅一年多的时间，这个县的很多重要指标都已升到全市前列。

这是一个不一样的县委书记。他开会很少正襟危坐地照本宣科，而是习惯像企业家一样用PPT演示内容；他很少写官样文章，而是拉着四套班子的负责人为他服务的老百姓朗诵诗歌；他不喜欢在办公室里坐而论道，喜欢不定期地带着局长们在县里的工地、学校、街道晨跑，从而发现基层那些长期无人过问的死角，现场解决问题，“有的时候一早晨现场解决的问题，比一个星期都多，我们觉得这是提高效率的很好的办法”。

在他的规划里，他辖下的这块土地将打造成中国亲商营商环境第一县，他需要激活更多的企业家，以使这块土地在他接下来的政治生涯中变得产业兴旺，富有活力，并重新找回一些丢失已久的美好品质。

这座县城的风貌与全国的2000多个“同伴”并无明显不同，然而这个政府财政收入偏低的县，民间却将近每两户就有一辆车。路边，有几人正在扫雪，那是附近居民自发自愿的行动。白雪映衬着不远处的红砖黛瓦，那是一所学校，是当地最美的建筑。

我对企业家的了解，也是与时俱进的

我之前在德州开发区干了十多年招商工作，应该说那个时候的企业家和现在不一样，那些年正是企业的初创期，跑马圈地，到处找地盘，建工厂。那时候供需还是主要矛盾，你只要生产出东西来，市场上就有人要。

我们从珠三角、长三角、北京、河北迎接了一批优秀企业到开发区。现在回过头看，这些企业已经成为我们开发区的纳税主体了。比如说，我们以前引进的乐华陶瓷，现在纳税 5000 万元；引进的河北京津集团、双汇集团，现在纳税两亿多元。

我对企业家的了解，也是与时俱进的。做企业的目的当然是盈利，但是盈利之后干什么？大家没有思路。以前有的人不择手段、不惜代价地去盈利。现在企业家这个群体有很大变化，他思考得不一样了，更多的人有了家国情怀，有了社会责任感，对自己的要求不一样了。为什么假冒伪劣现在少了？第一，国家治理科学严格了，供给侧结构性改革切中了经济发展的脉络；第二，企业家自律意识强了，企业家群体也在主动适应经济发展从高速度到高质量的转变。

现在要提倡服务的 3.0

庆云要打造“营商环境第一县”的核心是把很多枝枝叶叶的行政资源整合到一起，提高办事效率和服务意识，形成一种长期稳定的营商氛围。

整合的过程，是一个对很多部门的利益、权力削弱的过程，削弱权力就好像让他们失去了存在感。我给他们讲，咱们以前是给企业体检得多，按摩得少。本来应该是企业哪里不舒服，我帮它整得舒服，舒筋活血。我们以前却是搞体检，企业哪里不行就给它开药方、下罚单、动手术，甚至给它截肢，最后大卸八块，把一个企业整得伤痕累累，这样还有什么企业敢来。

现在要提倡服务的3.0。1.0是企业不找关系不给办，俗话说的“门难进，脸难看”。2.0是我按规定办，就是俗话说的“门好进，脸好看，但是要按规定办”。如果我们每一个部门都按规定办，能把一个企业给办死。3.0是主动走出去帮助企业，实行首办负责制，帮办代办。2018年我们搞了个“一枚印章管审批”，实行让企业只跑一次腿，把企业的发展当作自己的事，帮着企业量身定做、链接资源、嫁接政策，一办到位，一帮到底，把部门帮企业解决发展壮大问题作为考核指标。这个效果就很好，企业家的反响也很好。

我们现在政府层面一把手没有问题，问题出在哪里？问题出在直接跟企业面对面、点对点办事的这个环节上，因为我们的要求到了局长、副局长层面就断了，往下执行成了防火墙，下面的人有时候该怎么干还怎么干，我们就要破解这个症结。

所以2018年我们搞了一个“督考再深化”，细化考核到每个局里跟企业接触的每一个人。你今年给企业办了多少事，达到了什么效果，要让企业不但对这个局进行评价，还对你个人进行评价。你只要刁难企业，我们一经查实，就调离这个岗位，剥夺你的权力，不再给你第二次机会。2017年我“干”掉了两个村的支部书记，他们随意插手干扰企业的建设工程，别的事干得再好也不行。

我们请来了北京道桥集团，按50年都不落后的高标准铺设这个城市地下的管网，让来庆云的企业家看到，我们是用心在建设这个城市，让企业家感受到这个城市的官员、这个城市的老百姓，对于企业家是包容的、是认同的、是共融的。

一个地方最美的风景永远是人。我想把这些理念融汇成一体，把这里打造成经济繁荣、有后劲，老百姓民风好，教育事业发达，企业能够在这里扎根生长的绿色发展的活力城市。

政商其实是一个共同体

我常说**政商关系好比高速铁路的两条钢轨，“政”是一条钢轨，“商”是一条钢轨**。**这两条钢轨保持一个平等稳定的距离，“中国梦”这个快车才会开得越来越快**。企业家在实现“中国梦”的过程中起到了至关重要的作用。所以说，政和商要相互理解，相互支持，互利共赢。

官员这个层面首先要做到“亲”和“清”。“亲”，就是你对企业是持有一个什么样的态度。企业有了困难，你是不是真心真意地去扶持？还是带着一种个人的私心，我帮助你，你得给我一点回报，你给我的回报越多，我可能帮助你的力度越大，甚至做出出格的事情来。“清”是对自己的一种要求，作为一个党政官员要摆正自己的位置，这是你的职责所在。如果摆不正自己的位置，内心清净不了，在这个岗位上就会出问题。

企业也应该这样去做。企业不要想，我为获得一些超常的利益，围猎一个干部，给他下套，甚至是带着一种交易的心理，你给我点大利益，我给你点小利益。企业如果这样做，早晚要出问题。我在中央党校学习的时候，刘鹤同志用很简单的语言讲了这个逻辑：企业做生意是需要有本钱的，投资是有风险的，你做了昧良心的事是会有报应的。

所以，企业和政府官员两方面要互信，内心都要摆正。我们好多企业出问题，甚至倒闭，是内心出了问题，心灵品质出了问题。要建设好自己的心，要把自己的心修正。我们现在学传统文化，有一些体会。我觉得我们的古圣先贤总结出来的这一套逻辑公式太精辟、太准确了。

如古人说的“修齐治平”，往上推就是诚意正心，格物致知。诚意和正心说的就是你这个意念诚不诚？心正不正？学习的过程实际上就是你先把这个初心弄正了，把这个本意弄诚了，往下你才知道怎么去修身，怎么去齐家，怎么去治国。你看它这套公式，反推也一样，逻辑性太强了，实际上想来想去，没有第二条路可走。如果不是遵循这个逻辑，结果不一定会好。为什么？从表象出发跟从内心出发，大家是能感受到的。

志于道德者，功名不足以累其心

"有恒产者有恒心""无恒产者无恒心，唯士为能"。像我们这样的人，只有把自己的内心修炼到一定程度，对这种外在物质条件欲望不强的时候，才能做到内心清净。

你看我们这些公务员，早上加班，晚上加班，他们的付出，并不比企业家的付出低，但是他们的收入就是这样。当然也有出工不出力的，工资照样不少拿。你看我们这个县的干部，上午工作 4 个小时，有的下午工作 8 个小时，可以说超过以往干部 1/3 的工作时间。我们能给他多开钱吗？加班和不加班，干活和不干活，干多干少，效率如何，应该有一个科学的薪酬比例或者是奖励比例，但是这个一直没有得到科学的设计和实施。

内心是有不平衡，但你不是在做一个企业，劳动的时间越长，创造的效益越多，收入就越高。还是对自己要有价值观上的约束，因为我跟企业家不是一条钢轨，你是那条钢轨，我是这条钢轨。如果我们老想着发财，尤其在县委书记这个岗位上，那就到头了。研究出台一项政策，要搞清为谁出的政策，公平不公平，受益者是谁，跟企业有没有利益输出，有没有利益交换？大家都在看你，上面监督，下面监督，我们现在完全是一个很透明的群体。

就像王阳明先生所说"志于道德者，功名不足以累其心"，我必须让自己超越功利之心。作为一个官员，还是应该有种境界，如果你老把功名利禄放到很重的位置，你做事的时候，就会觉得很亏。

动力来源于责任感

我对自己的仕途没太在意。我在农业局一干十多年，在开发区一干13年，踏实干事就行了，招引进一个企业，我看它从小到大成长，跟看自己孩子似的，挺高兴的。

到这个知天命年龄以后，已经没有太多的物质欲望，能把这个地方弄得让自己感到无愧于心就好了。我从比较好的县到了一个最差的县，真是感觉到这种落差，这种落差带给你一种责任感。这个差距不仅是经济的差距，经济落后的背后，干部作风的问题也是很重要的因素。

我觉得有一种责任感，也可能是我这个人比较要强吧，从参加工作开始，我没有把一个队伍带成倒数第一过，而且县委书记这个岗位一般是5年的时间，也就是一届。尤其我这个年龄50多岁了，不会让你干第二届。我现在每天就跟倒计时一样，我想今天干一天少一天了，干一年少一年了。

每个人都有自己的个性，我看书比较杂，愿意接受新东西，我个人有一种见贤思齐的冲动。我看哪些人或地方做得比较好，就有一种对他的向往和研究的欲望。我每年给下属两个月的时间自己安排出去对标学习，你找最好的地方，看看咱们跟他们的差距在哪里，人家有什么经验可以借鉴。这一年进步挺大，也得益于我们干部队伍素质上来了。原来不出去，窝在家里不行。

2016年4月我来庆云工作，6月我拉着干部，围着十几个县转一圈，看人家的亮点，我们为什么排在倒数第一？看了就服气了，是真赶不上人家，项目赶不上人家，干部作风赶不上人家，你不服不行，差距找到了。又到南方去，看到人家干部的效率，抓工作的标准，招商引资的力度，从中找到了更大差距。所以自己产生了一种把一个贫困县带上去的责任感。一年后看这个县城的变化，大多数老百姓还是认可的，我们也有成就感。

所以,这种动力来自你在这个岗位上的责任感,否则你自己没法对组织交代,当你离开的时候,也没法对这几十万老百姓交代。我离开齐河的时候,说了一句话,在这个岗位上,我没有偷懒,这是我对自己的评价。离开庆云时说的话都想好了:在庆云这几年,我竭尽全力了,没有做对不起老百姓的事。

我这一届干不完你接着干

我们经过2017年一年,整个县的面貌都有了变化,老百姓也有了变化,干部的精气神上来了。我们2017年的工作,赢得了老百姓的认可,赢得了全市的认可,这是比较高兴的。我们不再是最落后的了,包括市里一些部门,原来一说咱们德州哪里最穷最落后,想都不用想,就是庆云。但是现在很多方面我们走到全市前面去了,我们这条路走对了。一年下来,有点成就感。

最操心的还是我们的实体经济。全市只有两个县没有税收过5000万元的企业,庆云是其中之一。所以说,我们现在很多的工作,民风也好,效率也好,文化也好,所有的理念离不开一个核心,就是给企业打造一个好的发展环境。

我们提出打造山东亲商营商环境第一县,方方面面围绕营商环境做文章,要真正为企业着想。我们一方面培育自己的企业,从求速度转向求高质量,把本地的企业培养好;另一方面要拿出更多的力量来抓招商引资,对企业、对经济、对我们庆云整个发展来说,有一个新动能再造的过程。

好的是,现在我们口碑有了,引来了一批好企业,2017年从京津冀地区来了40多家企业。我跟我们的县长说,我这一届干不完你接着干,我们的县长是个博士,做经济工作很专业,所以2018年我们经济工作的核心就是双招双创(招商招才,创新创业)、精准招商,我们想通过这几年把环境打造好,把好企业的种子引进来,小苗培育成大树,后劲还是不错的,我们有信心。

去私欲，存天理，致良知

我从2017年开始学习致良知，感觉到了王阳明圣贤的力量。

第一，这个500年前的官员离我们太近了。我们也是官员，他也是官员，而且人家的官比咱大多了，人家按当时的级别应是部级的官员了。他这个官员按照现在的干部评价标准来看，就是忠诚、干净、担当的，我认为古往今来，可以用忠诚、干净、担当来评价一个官员的，王阳明是第一人。

第二，他讲的很多东西，我们是认同的。比如，“去私欲，存天理，致良知”这9个字，就是说我们这些官员，如果天天内心被私欲积满的话，会非常累。去一份私欲就存一份天理。天理就是规律嘛，我们共产党的天理就是为人民服务嘛。你在这个过程当中慢慢地消化、磨炼，去除你的私欲，固守那份天理，良知就出来了。我自己是有这个体会的。如果做一件事的时候，老想着对自己有利，决策就会出问题。放下自己的利益，反而轻松。

再比如，诚则明、明则诚。这个“诚”字，让我非常受益。我们2017年很多时候以诚交流，无意中链接了很多的资源，光国家的荣誉就拿了十几个，包括在招商引资的过程中，在争取上级政策的时候，一个“诚”省去了很多麻烦。你如果从内心做到了“诚”，会出现一些意外的信息和资源跟你对接。

举中法生态城这个例子。全国2800多个县，甚至地市级都为它争得头破血流，为什么它最终落户到一个县？也许是我们感动了对方这个伙伴。他们专家组到我们县里来的时候，他说你这个县，跟其他地方就是不一样，看得出你们是真用心想把我们留下，把项目做好，用心对这一方百姓的土地负责任。他们开始选了7个地方，现在淘汰了3个，最后定下来县级的就我们一个。所以，你做到“诚”的时候，就会明白做事，内心没有杂质，别人也体会得到。

第三，干部在位要立志。**志不立，天下无可成之事。干部不立志的时候，可能觉得做的都是一些无所谓的事，但是一旦志向在心里扎根，很多东西会发生变化**。我带着我们的干部队伍公开立志，我们立志要做让庆云老百姓骄傲的儿女。大胆地说出来，对着庆云几十万老百姓都说出来，行动就不一样了。

第四，知行合一。现在我们很多时候还停留在知这个层面，没有去行。王阳明讲，知行本一，但是我们很多时候知是一回事，行是一回事，甚至知而不行。这是最大的问题。为什么要抓落实啊？现在很多部署就是抓而不实。还有《传习录》中的很多观点，学一遍有一遍的体会。把王阳明的致良知学透，再看中央的文件，再听习总书记的讲话，你领悟得会更深。

找到跟群众对话的渠道

现在这个年代，实际上对初心缺少了打磨，使它蒙上了灰尘。与共产党成立的时候为人民谋幸福这个初心相比，现在实际上有所减弱了。我们的老祖宗挖掘人的内心是非常到位的，但是咱们现在碰触内心的时候少了，造成有些人人性、良知缺位。有时候光用眼去看，不敢用心去体验、去思考。

党的十九大报告一个很大的命题是要以人民为中心。现在可能有一些工作的着力点和重点，忽视了人民这个中心，老百姓想什么，企业家想什么，有时候我们感觉不到了，晴雨表失灵了。

我有时候有一种忧虑。我怕有一天会找不到和企业家对话的渠道，因为人家企业在学习、在与时俱进，他讲的东西你听不懂、听不进，知识和思维都落后了，将来和企业家交流不了。现在有些企业家开始用老祖宗的管理方法管理企业，如果我们还不了解这一点，也不接触传统文化，有时候还把马列主义和传统文化对立起来，这样下去不仅和企业家对话不了，和老百姓也对话不了。

党如果不到人民群众中间，不去心连心，会越来越让自己成为封闭的群体。在互联网这么发达的情况下，老百姓、企业家跟世界在发生链接，跟方方面面都在互动。如果我们不这样做的话，就跟群众找不到对话的渠道，会有“盲人骑瞎马，夜半临深池”的危险。你靠什么去带领群众，民族精神靠什么去凝聚，人民的信心靠什么去振奋？这是个关键问题。

最期待的改革突破

我个人最期待以下这几方面的改革突破：

一是经济领域的深化改革。要把束缚经济、束缚企业家的一些条条框框破除掉。目前从企业的角度看，从上到下还是有框框的东西存在，如何留住企业家的人和心很关键。

二是农业层面。中央出的农业政策很好，但目前需要解决落地的问题。农村面临的问题是土地的集约化、社会化服务以及保护资源问题。咱们40年的发展，有的地方是以牺牲资源甚至环境为代价来发展经济的。中央提出五大发展理念，特别是绿色发展的理念就是要解决这个拼资源的问题。但是像我们这么一个大国，政策的连续性、稳定性也很关键。

三是思想解放层面。改革是有一批真正下去摸石头，甚至跌了跟头的人。这40年走过来还是一个不断解放思想的过程，能不能再来一次思想的大解放，经济的大发展。现在中国已经出现一个庞大的企业家群体了，我们接下来的路怎么走？我明显地感觉到，南方和北方差距很大。南方经济为什么发展快？因为南方人勇于创新，能把一干成二。咱们是上面说一就是一，甚至说个一，到我们这儿成0.5了，给你政策很宽，越到基层越窄了。还是存在思想不解放的问题。

四是调动积极性的问题。比方说在县里，政府人员也好，教师也好，过了50岁以后不想干事了。为什么？晋升的空间没有了，再者面临退休了，干也这样，不干也这样，年轻的时候干还可以谋个一官半职，上50岁就没动力了。这是一大批资源的浪费和闲置，如何把这些人利用起来？老同志不干事，新人来了以后，一看他们不干，积极性也受到打击。我觉得整个行政体制要有一个创新，应该有个制度设计，发挥好年过半百这些人的作用，光靠自觉不行。

五是政策制定问题。有一些地方政府制定的政策，执行起来是有问题的，因为是在办公室里想的。具体的规则，细节的设计，大家没有认同感。焦裕禄给我很大的启示就是到群众中找办法，当年兰考的"三害"——盐碱、风沙、内涝，治理的办法无一不是群众发明的。一定要深入群众当中发现群众关心的问题，而且解决这些问题老百姓有的是办法。